Preguntas al psicólogo

Anne Bacus

Preguntas al psicólogo

ESPECIAL PEQUEÑOS

SALVAT

Índice

Prólogo

Bernabé Tierno Jiménez
Psicólogo y escritor

Seguramente, una de las principales preocupaciones de los padres es tomar una decisión, no ya solamente sobre cómo educar a sus hijos, materia que no se imparte en las universidades, sino también sobre cómo resolver cuestiones concretas, puntuales, de aquí y ahora, y que no las resuelve ningún manual.

Ya desde antes de nacer el niño, nos hacemos preguntas sobre lo que puede o no puede afectarle por el estado físico y psíquico de la madre. Pero es sobre todo desde el momento en el que un niño nace cuando surgen infinidad de preguntas y de dudas: ¿es bueno que el niño se acostumbre a los brazos? ¿Es preferible que llore si sabemos que no tiene ningún problema? ¿Qué hacer si un niño no coge el sueño o no deja de llorar?

A los padres les encantaría tener al lado al pediatra y al psicólogo infantil para obtener la respuesta inmediata cuando surge la duda o el problema.

Anne Bacus, autora de *Preguntas al psicólogo,* procura dar respuesta a las principales preguntas que se pueden plantear los padres y que a mí como psicólogo también me plantean constantemente. Por cierto, mi último libro publicado lleva un título muy parecido, *Cartas a un psicólogo,* pero referido a problemas psicológicos de los adultos. En el libro de Anne Bacus, el lector tiene las respuestas a las preguntas que los padres se hacen constantemente sobre la educación y el cuidado del bebé.

El libro se inicia con la pregunta que se suelen hacer muchas madres nada más volver a casa con su hijo: «¿Por qué estoy triste si todo ha ido bien?». Esta es una cuestión real y la madre debe saber que no se trata de un caso raro y que es bastante común y hay otras madres en su misma situación. Es la depresión postparto. ¿Qué papel juega el cansancio, la falta de sueño, el propio ritmo de la maternidad, etc., y cómo, si la madre está agotada, cada tarea se hace pesada e interminable?

Cada respuesta contiene una explicación sencilla, pero con base científica. Los consejos están basados en la experiencia. Por ejemplo, servirá de gran ayuda un cuestionario con las principales preguntas a la directora de la guardería en la que los padres pretenden dejar a su hijo.

Me ha sorprendido la estrategia que sugiere la autora cuando ya lo has intentado todo y el niño sigue llorando. Aconseja colocar el asiento del bebé de cara a la portilla de la lavadora y dice que el movimiento, el ronroneo y el calor hacen maravillas.

Como ya he dicho, el libro aborda las principales situaciones en que se pueden encontrar los padres: buscar canguro, quitar pañales, conseguir que coma un niño inapetente, controlar las rabietas, ponderar los aprendizajes precoces, elegir pediatra, temperar la autoridad, comprar juguetes, contestar a sus preguntas, desarrollar hábitos y valores, prevenir los abusos, saber si hay que ir al psicólogo... En una palabra: el buen hacer en la vida cotidiana del bebé y de sus padres.

Anne Bacus es una brillante psicóloga francesa, autora de los libros más vendidos sobre psicología infantil, directora de una importante consulta psicopedagógica y madre de dos niños, por lo que combina su estupenda labor profesional con la tarea educativa de sus propios hijos.

Me alegra que aparezcan libros tan prácticos y con base científica, y felicito a Editorial Salvat por contar en su colección de maternidad con un título tan útil para los padres en beneficio de los más pequeños. También agradezco a la editorial que me haya encomendado el prólogo de este estupendo libro, al que auguro un gran éxito.

Licenciado en Psicología, Ciencias de la Educación y Filosofía, don Bernabé Tierno es, asimismo, un reconocido especialista en Psicopedagogía, con buen número de publicaciones de gran éxito comercial en su haber.

Su convicción acerca de la necesidad de aplicar a la realidad sus aportaciones científicas e investigaciones le ha llevado a impartir cursos y charlas a padres, centros de educación y colectivos de profesores, y a participar en numerosos medios de comunicación social, como asiduo colaborador en periódicos de ámbito nacional y revistas especializadas, y también como contertulio habitual en multitud de programas de radio y televisión.

Unida a su competencia científica, su talla humana le ha hecho merecedor de la Medalla de Honor del 50 aniversario de UNICEF y del Premio «Paz del Mundo», como impulsor de los valores humanos en nuestra sociedad.

Introducción

Este libro está dirigido a los padres* de los niños pequeños de cero a tres años de edad. Los primeros años de la vida de nuestros hijos constituyen una etapa repleta de sufrimientos, pero también de experiencias maravillosas. Todos sabemos que resultan determinantes para su porvenir. También son años que dan mucho que pensar. Todos los padres se hacen preguntas sobre la educación que darán a sus hijos. ¿Qué límites han de poner a su afán explorador? ¿Cómo les dirán algún día que los Reyes Magos no existen? ¿Cómo reaccionarán si mienten? ¿Se debe dejar dormir al bebé en la cama de los padres? Y tantas otras.

Estas preguntas y su puesta en tela de juicio son muy positivas: representan la prueba de que los padres desean hacer lo mejor por sus niños y desean evitar los errores. Por otra parte, todos los niños atraviesan períodos en que son «menos» fáciles que en otros. Un día, el hermano mayor tiene un miedo terrible a las arañas. Otro día es el pequeño quien se manifiesta gruñón o rechaza la comida.

Este libro interesará a los padres que se plantean preguntas sobre la educación, preguntas simples sobre los acontecimientos de todos los días, y que desearían tener elementos de respuesta; no para seguir al pie de la letra lo que se les aconseje, sino para comprender mejor lo que está en juego para el niño y elegir así las opciones educativas que consideren más apropiadas.

Cada familia es única, cada niño es diferente. No encontraréis en este libro un conjunto de recetas «listas para usar» y aplicables a todos. Vosotros, los padres, conocéis a vuestro niño mejor que nadie. Vosotros sois los más adecuados para comprenderlo, pero también sois aquellos a quienes les resulta más difícil hacerlo, al ser los más implicados. Encontraréis aquí pautas de reflexión para tener un poco de perspectiva: tomad un caso particular y añadidle todas las particularidades de vuestro niño y todo el amor que tenéis por él.

Al hilo de estas líneas, encontraréis una forma de reflexionar, de interrogaros, de comprender mejor a los niños, que fortalecerá vuestra competencia como padres y facilitará el diálogo.

Evidentemente, este libro no responderá a todas vuestras preguntas. Los psicólogos están ahí para discutirlas con vosotros. No vaciléis en consultarles. Con una formación universitaria y disponiendo de un campo de acción privilegiado, los psicólogos titulados son los más adecuados para escuchar, comprender las dificultades psicológicas de vuestro niño y ayudaros a encontrar las soluciones. Son especialistas en asuntos relacionados con la paternidad. Es frecuente que una sola sesión sea suficiente para tranquilizar o desbloquear una situación.

* Nota del editor: Este libro está dirigido a padres y a madres por igual. Sin embargo, al dirigirse a ellos se habla principalmente a la madre para no repetir continuamente «madre» y «padre» y de este modo facilitar la lectura.

recién

nacido

llanto

depresión postparto

os

despertar

dormir

Atravesar suavemente la depresión postparto

¡Uf, al fin, ya no estás embarazada! Se acabó el vientre enorme, las dificultades para caminar, para digerir, para dormir, ese jadeo permanente... El parto ha terminado y has vuelto a casa con tu bebé en brazos. Deberías sentirte radiante, llena de confianza y entusiasmo. Sin embargo, en medio de los momentos de verdadera felicidad, te sientes perdida, ansiosa, incompetente, sola. En lugar de sentirte feliz, lloras sin parar. ¿Qué te ocurre? A este momento de depresión que sigue al parto, los especialistas lo llaman «la depresión postparto».

Las razones de la depresión

- El enorme cambio físico, moral y hormonal que has sufrido después del parto serviría por sí solo para explicar este necesario momento de ajuste. Igual que tras un acontecimiento muy esperado, portador de tensión y de excitación, hay un estado de choque y un sentimiento de vacío. Todo el mundo ha tenido la ocasión de experimentar esto alguna vez.
- Como todas las transiciones bruscas, el paso del estado de mujer embarazada al de mamá es delicado. Has ganado, con toda seguridad, este maravilloso bebé; lo has deseado, lo has esperado y, ¡oh, maravilla!, ahí está, magnífico. Pero también has perdido aquello que tenías unos meses antes. ¿El qué? Has dejado de ser el centro del mundo, aquella a quien preferían y atendían (ahora es tu bebé el que atrae los focos); ya no son como antes las confidencias con tu cónyuge, las noches completas, los ratos de ocio, etc.
- La realidad es mucho más decepcionante, comparada con los sueños que traías dentro de ti durante tanto tiempo. Tu bebé no se parece en nada al de la publicidad: llora mucho, parece tener siempre hambre, llama durante la noche y duerme de día. Es minúsculo, pero te absorbe por completo. En cuanto a ti, ¿dónde se ha quedado la madre perfecta, alegre y paciente que te prometías ser? Dices que no te importa que tus amigas salgan más que tú... y te deshaces en lágrimas.
- El cansancio tiene un papel determinante. El parto, el ritmo de la maternidad, las visitas, la falta de sueño...

Proteger a la pareja

Ser a la vez la madre perfecta de un bebé normal (que llora, se despierta por la noche...) y una esposa solícita supone una proeza. Tu cónyuge está presente para relevarte. Que él tome el relevo te permitirá disponer de tiempo para ti. Pero también es importante disponer de un tiempo para los dos. No dudes en confiar a tu pequeño a algún miembro de la familia o a una canguro para salir juntos una vez por semana.

Trata de encontrar cada día no menos de media hora de calma y de intimidad para los dos, en el momento en que duerma el bebé. Erais una pareja antes de convertiros en padres y es importante que permanezcáis así. Vuestra identidad no se limita a ser un padre y una madre. Continuáis existiendo para vosotros mismos y para el otro, no lo olvidéis. Tu bebé no sufrirá por ello, al contrario.

Como estás agotada, cada tarea adquiere proporciones inmensas: te produce cansancio, por no decir angustia. Llega entonces la tensión, el desaliento, la exasperación... y la culpabilidad.

¿Qué hacer?

Este momento de depresión dura por lo general entre dos días y tres semanas, depende de cada mujer, de su estado físico y emocional, de la ayuda y del apoyo de los que cada una dispone. Por tanto, dado que esto es pasajero, ¿cómo reaccionar?

- El saber que este sentimiento de depresión existe es a menudo suficiente para tranquilizarse y ser paciente. No quedarse sola y atreverse a decir lo que se siente es muy liberador; por tanto, otórgate el derecho de llorar ante tu propia madre o bien telefonea a tu mejor amiga para contarle tus calamidades.
- Es el momento de dejarse ayudar. Una vecina puede comprar tu pan al mismo tiempo que el suyo, tu cónyuge puede ocuparse de las comidas; si tienes presupuesto, una asistenta puede venir a arreglar la casa, etc. Si tienes muchas visitas, limítate a aquellas a quienes puedes decir: «¿Y si nos preparas la cena?» o «Ya que estás aquí, ¿me puedes tender la ropa?». Nada de sentirse culpable: lo haces por tu bebé.
- Aprovecha para ti y para tu bebé este tiempo libre. Descubrirás enseguida la importancia de descansar cada vez que tu bebé duerme y de echarte la siesta. Saborearás la dulzura maravillosa de dejarte ir.
- También es importante para tu moral reservarte cada día un momento de expansión personal: tomar un baño, leer una revista, reanudar una actividad física, telefonear a una amiga... Aun cuando este período sea muy absorbente, no lo vivas como si estuvieras fuera del mundo o de todo lo que te daba placer.
- El padre puede sentirse perturbado también y necesitar un tiempo de adaptación a su nueva familia. Explícale que su papel, estas primeras semanas, consiste esencialmente en cuidar de ti (y de la casa) para que tú puedas cuidar del bebé. Así, si él te apoya y se ocupa de todo «lo demás», tú podrás encontrar en ti la serenidad y la confianza en tu nuevo papel. Esto es lo esencial... incluso si él puede también, con competencia y alegría, secundarte al hacer el papel de «padrazo».

Saber hacerse ayudar

Lo importante es que no te quedes sola con tus dificultades. Hay que poder hablar y hacerse ayudar.

Dicho esto, la depresión postparto puede ser seria y durar muchos meses. Si la depresión es severa, la madre puede tener dificultades para ocuparse de su bebé y hacer frente a lo cotidiano. En cuanto al bebé, como él no comprende por qué su mamá no le sonríe o no juega con él, puede también sentirse afectado. En este caso no hay que esconderse o encerrarse, sino consultar al médico, que sabrá escuchar, aconsejar y ayudar.

La ternura mamá-bebé: los primeros vínculos

El pequeño bebé nace inmaduro y frágil, totalmente dependiente. Para sobrevivir, tiene necesidad absoluta de los otros seres humanos y, en primer lugar, de su madre. Por eso su primer objetivo como bebé consiste en saber vincularse a su madre y, al mismo tiempo, vincular a su madre con él.

Tener confianza en sí misma

Los primeros tiempos que la madre pasa con su bebé son importantes. El uno y el otro se conocen, aprenden a descifrar los mensajes y las necesidades. En este juego, el niño es muy hábil y muy dispuesto a ayudar a su madre si ella se siente incapaz. Para que todo vaya bien, es conveniente que la joven madre pueda consagrarse a su tarea, que se sienta segura, sin inquietarse por preocupaciones externas.

Las madres jóvenes de hoy día, en su mayor parte, tienen muy poca experiencia en cuestión de bebés. Se quejan a menudo de no saber manejarse con su bebé, de cometer errores irreversibles. ¡Les han dicho tantas veces que todo se juega en los primeros meses o los primeros años! El papel del entorno cuenta mucho. Lo que ayuda más a las madres no son los consejos, sino la certeza de que son buenas madres, competentes, que se pueden fiar de su instinto.

Nacer; es más fácil venir al mundo que adaptarse

Durante nueve meses, el bebé, para quien todas sus necesidades fisiológicas están colmadas, vive en completa complicidad con su madre. Acompañado por los ruidos (el corazón, la digestión, la respiración, la voz forman un ruido de fondo permanente), acunado por los movimientos (consecuencia de los de su madre o de su simple respiración), acariciado por el líquido amniótico, protegido y encogido en una comodidad sin fisuras.

Con el nacimiento, el bebé descubre la incomodidad y las carencias. Tiene hambre o sed, siente mucho frío o mucho calor, está incómodo por un flato sin salida o un pañal sucio..., llora. Mamá viene, hace lo que tiene que hacer y la incomodidad cesa. Bien, la vida no es tan difícil... El bebé recupera la confianza. Su madre es, en primer lugar, la que le da ganas de vivir.

La importancia de los vínculos

El bebé estaba al abrigo de su «burbuja» uterina. Para que se desarrolle bien, es necesario crear a su alrededor una nueva «burbuja» donde se sienta protegido, alimentado, acariciado y amado. El cuerpo de la madre es, en sí mismo, un espacio de seguridad y de bienestar magnífico para el bebé. Por eso suele dejar de llorar cuando ella lo coge en sus brazos (y no porque sea «caprichoso»).

Gracias a esta «envoltura» pacífica y amorosa creada por la madre, el bebé va a poder dar sentido a todo el entorno que percibe y aprender lo que él es. Se siente protegido tanto de todo aquello que viene de fuera como de lo de dentro (las sensaciones dolorosas, las frustraciones, los afectos violentos). Igual que un pequeño mamífero muere al nacer si no es lamido por su madre, el bebé humano necesita de la ternura para sobrevivir.

¿Cómo empieza el bebé a crear vínculos?

Desde el nacimiento, el bebé está equipado en el plano sensorial y sabe cómo pedir una relación expresiva y llena de vida, en particular con su madre. He aquí algunos ejemplos:

- Se interesa por los rostros humanos más que por cualquier otra cosa. Reconoce el de su madre a las pocas horas.
- No ha salido aún de la maternidad y ya sabe distinguir el olor y la voz de su madre, que lo tranquilizan de forma sorprendente, más que los de cualquier otra mujer.
- Actúa directamente a distancia en el cuerpo de su madre, esa mamá que lo amamanta en cuanto tiene su provisión de leche, en plena noche, al primer grito de su niño, incluso unos minutos antes.
- Por último, sonríe, más pronto de lo que se dice. En los días que siguen a su nacimiento, ya el pequeño busca captar la mirada y esbozar sonrisas felices. ¿Hay mejor forma humana para crear afectos?

¿Cómo responder mejor a la necesidad de vínculos de tu bebé?

- Tan pronto como la ocasión se presente, la mamá puede coger a su pequeño y estrecharlo contra ella. Puede también responder rápidamente a sus llantos, que serán de hambre, de malestar o de simple incomodidad, sin temor a «consentirlo». Sin olvidar que gran parte de la ternura pasa a través de gestos simples durante la comida, el baño o los cambios de pañal.
- En numerosas culturas, las madres responden a la necesidad de agarrarse a ellas que manifiestan sus pequeños llevándolos junto a sí, ceñidos con un chal. Este estrecho contacto corporal es esencial. Las madres, aquí, llevan el porta-bebé canguro, que permite al bebé acompañarlas en sus paseos, pero también en las actividades normales de la casa.
- Acuna a tu bebé en los brazos: ¡le encanta! Eso le recuerda su vida uterina. El bebé también reclama las canciones tarareadas con voz suave y esa pequeña charla hecha de palabras, sonidos y sonrisas.

¿Y el padre, qué papel tiene?

Como dice con razón el proverbio: «El niño necesita el calor de la madre». Pero esto no excluye en absoluto al padre, cuya presencia cerca de la madre y de su bebé es esencial. Para que la madre pueda cumplir mejor con esta tarea, crear un vínculo expresivo y vital con su bebé y «entenderse» con él, es necesario que ella misma se sienta amada y protegida. Tener cerca de ella un compañero atento y tranquilizador, que escuche sus alegrías y sus dudas, es lo que más la ayudará. Luego, muy pronto, el padre entra a su vez en relación con su hijo, de una forma diferente y rica que les pertenece solo a ellos. Con seguridad, al principio hace sobre todo de «mamá», pero lo hace con olor de hombre, voz de hombre, gestos de hombre. Así, el niño se dará pronto cuenta de que no vive solo con su madre. El mundo es rico en diversidad. Esto despierta su curiosidad y le da ganas de crecer.

La separación de madre e hijo al nacer

La separación de madre e hijo constituye siempre un desgarro. A pesar de ello, lo esencial es mantener lo mejor posible la continuidad en la relación.

En todo caso y también por este maravilloso lazo de ternura, de palabras y de sonidos que lo unen a su madre, y luego a su padre, el bebé crecerá seguro, confiado y protegido todo el tiempo que lo necesite.

¿Debe quedarse el bebé en tu habitación?

Esto comienza con nueve meses de intimidad total. En las últimas semanas anteriores al nacimiento, la madre experimenta todo lo que le ocurre a su bebé: cuando duerme, cuando se da la vuelta, cuando tiene hipo... Después de algunos días de complicidad en la clínica, vuelve de nuevo a casa con su hermoso bebé. Ha soñado con verlo en su capacho, en su cuna amorosamente decorada. Incluso si le han preparado una pequeña habitación solo para él, o un lugar en la habitación del hermano mayor, los padres se sentirán más tranquilos, se encontrarán más cómodos, instalándolo en su propia habitación, al lado de su cama. Es normal: acaban de conocerlo y no tienen intención de separarse de él.

¿Y si no se tiene habitación para el bebé?

Algunos padres retienen al bebé con ellos porque no disponen de otra habitación donde tenerlo. En este caso, se puede sacar al bebé de la habitación durante la noche (poniendo su capacho en el salón, por ejemplo) y volver a instalarlo ahí durante el día, si no hay otro entorno tranquilo. Este sistema funciona sólo durante algunos meses.

Si los padres, por cuestión de espacio, deben compartir de forma permanente su habitación con el niño, es necesario entonces acondicionar un espacio para el bebé, separado del resto de la habitación por un biombo o un tabique movible. Podemos en tal caso colocar en su rincón uno o dos elementos de decoración «infantil» como un cartel, un móvil, una estantería con sus juguetes, que le permitirán sentirse «en casa».

Hay un tiempo para retener al bebé cerca de uno...

¿Lo amamanta la madre? Nada más sencillo, cuando llega la noche, que, directamente, acostar al bebé en su propia cama cuando este manifiesta tener hambre y darle el pecho sin tener que levantarse. ¿El bebé toma biberones? También hay en la cama grande un hueco caliente para acurrucarse uno contra el otro, con papá al lado, cuando hay que atender a un pequeño hambriento a las tres de la madrugada. ¿El bebé se vuelve a dormir? Lo devolvemos delicadamente a su cuna... y hacemos lo mismo que él.

Muy bien. Pero ¿hasta cuándo? En los primeros meses, mientras el bebé no «da» la noche, ningún problema. A algunos padres les gusta tener al bebé cerca de ellos. Otros opinan que duermen mejor, y el bebé también, si se separan por la noche. Cada padre debe escoger la solución que le parezca más natural, aquella que mejor le convenga. Pasado este plazo, es importante encontrar en la casa un rincón acondicionado para el bebé donde podrá dormir en calma y con total seguridad. Los padres tienen necesidad de reencontrar una intimidad; el bebé, de aprender a dormir toda la noche, lo cual será mucho más difícil si se queda en la habitación de ellos.

Pueden existir múltiples razones para retener al bebé cerca de uno. Algunas madres no se sienten tranquilas si no notan el soplo ligero y tibio de su bebé cerca de ellas. Si este duerme en otra habitación, están inquietas, y se levantan muy a menudo a ver si respira bien. Les inquieta también que, acomodado en la habitación del hermano mayor, no duerman bien ninguno de los dos. Normalmente, el niño se habitúa con mucha rapidez a oír llorar a su hermanito o hermanita y deja pronto de sentirse molesto. El mayor prefiere a menudo tener al bebé con él, en igualdad, antes que saberlo privilegiado en la cama de la madre...

... y un tiempo para que aprenda a dormir solo

No se trata, por tanto, de caer en el exceso contrario; vemos a menudo a bebés muy pequeños aislados al otro extremo del apartamento, en una habitación bonita, pero silenciosa y apartada de la vida. El bebé, habituado al ruido de fondo del vientre materno, puede naturalmente dormir en la habitación de los hermanos o bien en su propia habitación, con la puerta abierta: se tranquilizará con los ruidos familiares. Esta última solución es, sin duda, la mejor para prevenir los problemas del sueño: el bebé aprende a dormirse solo, en su cama, en su pequeño rincón propio. Si se despierta por la noche, no se sorprenderá de encontrarse allí y sabrá cómo volverse a dormir.

Una moda, que nos viene de Estados Unidos, consiste en comprar camas inmensas (denominadas «camas familiares») y dormir en familia, padres e hijos reunidos, durante varios años, hasta que el niño decida lo contrario. La mayor parte de los psicólogos previenen contra los riesgos de esta práctica, tanto por el equilibrio de los dos padres, que deben vivir su sexualidad de otro modo o renunciar a ella, como por el buen desarrollo psíquico de los niños. Mal situados, esto puede ser dañino para acceder a una autonomía afectiva y poner en peligro su equilibrio interior.

Es cierto que en algunos países es habitual que el niño comparta la cama de su madre hasta el destete, a menudo tardío. Estas prácticas no forman parte de nuestra cultura. Cada pareja, en conjunto, deberá hacer su elección. Se plantea una pregunta: ¿quién, entre la madre y el niño, es el que más necesita al otro? Ofrecer a un bebé de algunos meses la posibilidad de dormir feliz y a alguna distancia de su madre es ya ofrecerle confianza. ¿Educar a un niño no es también, a la larga, enseñarle progresivamente a arreglárselas sin nosotros?

Sí a los mimos matinales

La cama de los padres es el lugar secreto de su intimidad. Con la aceptación de este hecho, el niño crecerá en confianza y se desarrollará. Más allá de sus exigencias de venir a dormir en la cama grande, se sentirá profundamente tranquilizado al saber que su padre y su madre se aman, disfrutan durmiendo juntos y necesitan de momentos para ellos solos.

Nada se interpone, por el contrario, a que la cama de los padres sea, por la mañana, el lugar de los reencuentros, de los primeros mimos con los niños y de ¡risas locas en familia! Son numerosas las familias en las que los domingos empiezan muy pronto, al abrigo de los padres, para un último y pequeño sueño todos juntos, que se prolonga compartiendo con alegría bollos y biberones en la gran cama de papá y mamá... ¡Un gran momento!

Si llora, ¿hay que cogerlo en brazos?

Los recién nacidos disponen de pocos medios para expresar lo que sienten, y entre ellos, el grito es el privilegiado. Mientras está en el vientre de su madre, el bebé no tiene ni hambre ni frío, ni se ensucia ni necesita mimos. Todas sus necesidades están cubiertas. Es el paraíso de la fusión. Una vez fuera, todo cambia, se vuelve más complicado. Incapaz tanto de satisfacer sus propias necesidades como de asegurar su supervivencia, el bebé grita, reflejo salvador –¡e insoportable!– al que los padres responden lo mejor que pueden.

¿De qué sirven los llantos?

Para empezar, los llantos son el primer medio de comunicación de que dispone el niño. Es el nivel de base de la palabra y del intercambio. Me siento mal, grito, mamá acude, me habla: «¿Qué es lo que pasa, mi niño, no va todo bien?», ya me siento mejor, me calmo. Pero ella no comprende que tengo hambre, yo vuelvo a gritar. Esta vez, ella comprende y me acerca a su pecho. Me calmo de verdad. Decididamente, mi mamá me comprende bien, creo que nos vamos a entender…

Al gritar, el bebé expresa con vigor su deseo de vivir. Es una buena señal. ¿Qué es lo que quiere? En especial, comida, calor y amor. ¿No consigues distinguir los llantos de tu recién nacido? Es normal, él tampoco. Le costará varias semanas interpretar con corrección su malestar y encontrar el medio más preciso de expresarlo. Poco a poco, en el transcurso de semanas, el diálogo se afinará y los llantos se diferenciarán, permitiendo a los padres proporcionar con más facilidad la respuesta apropiada. Habrá llantos de hambre, de fatiga, de dolor; de necesidad de ser cogido en brazos, de soledad, etc. Cada niño va a desarrollar su propio lenguaje, que los padres irán aprendiendo. La confianza recíproca va a anidar allí, en este primer diálogo, en el que el bebé reclama y el adulto responde, con sus palabras y sus actos. El niño se siente entendido, respetado: la relación se ensancha.

¿Hay que responder a los gritos del bebé?

Comprendemos bien por qué se debe acudir con rapidez a ver al bebé cuando llora, tratar de entender lo que expresa y responderle. ¿No lo harías con un niño más grande o

Lo has intentado «todo», pero sigue llorando

He aquí algunos «trucos» de madre:

- Coloca el asiento del bebé de cara a la portilla de la lavadora. Movimiento, ronroneo y calor hacen maravillas.
- Pon sobre su vientre una toalla calentada un momento sobre el radiador. Este calor suave ayudará a calmar los pequeños problemas digestivos.
- Deja gotear un grifo suavemente. Los «ruidos suaves y continuos», a menudo irritantes para nosotros, resultan hipnóticos para algunos bebés.
- Llévalo a dar una vuelta en coche.
- Golpea suavemente sus posaderas, con ritmo.
- Ponle música de Chopin.
- Instala un acuario en su habitación, colocado de tal manera que pueda seguir las evoluciones de los peces desde su cama.

con un amigo? Hay que responder al bebé que grita por muchas razones:

- Porque gritar es comunicar. Responder es introducir al niño en el diálogo, en la palabra que humaniza, y reconocerlo como persona.
- Porque responder reconforta al bebé, que, con el tiempo, se siente comprendido, llora menos y aprende a tener más paciencia.
- Porque uno se siente mejor cuando actúa. La madre, unida a su bebé por un «cordón umbilical sonoro», está biológicamente programada para responder a su bebé. Nada peor para la moral que quedarse inactiva sufriendo los asaltos furiosos de su bebé. Actuar es no sufrir más, y esto nos permite, en cierta medida, evitar la culpabilidad. «Lo he intentado todo para calmarlo; puede que, después de todo, solamente tenga ganas de llorar un momento…».
- Porque sucede a menudo que los padres encuentran soluciones «que dan resultado». Por ejemplo, alimentar a un bebé que tiene hambre es una de ellas. Pero si alguna de las respuestas «clásicas» no hace cesar los gritos, podemos inventar otras. ¡Los padres manifiestan una gran imaginación al tratar de distraer a un bebé de sus lágrimas!

Contrariamente a lo que se dice, responder al bebé no lo convierte en caprichoso. Por el contrario, lo tranquiliza sobre este mundo que lo acoge, le da confianza en sí mismo y lo hace más autónomo.

¿Hay que cogerlo en brazos?

Si sientes que es necesario, sí. Pero esto no significa que lo debas coger en brazos por sistema cuando llora. Se puede responder de diferentes maneras. Algunos gritos tienen por función desalojar un exceso de energía o de tensión interior: son necesarios para la tranquilidad del niño, permitiéndole así conciliar el sueño. El niño llora «por nada»: descarga energía o bien ejercita sus pulmones, y luego se siente mejor. Tranquilizarlo con la voz, acariciarle la cabeza o la espalda con suavidad, cantarle una nana y luego dejarlo tranquilo son, sin lugar a dudas, las soluciones más apropiadas en estos casos.

Coger al bebé en brazos al menor grito, pasados los seis primeros meses de vida, acabará por convertirse en una actitud en la que el niño lo pasará mal tanto de día como de noche, lo que puede redundar a su vez en un problema. Darle confianza, para que aprenda a calmarse y dormirse solo, es una de las mejores prevenciones de los problemas del sueño.

Cuando el bebé crece

Y luego, el recién nacido crece. Hacia los tres meses puede que empiece a encontrar por sí mismo la forma de tranquilizarse, chupándose los dedos y los puños, acariciando un pequeño pañuelo con el perfume de mamá, etc. Aquí, de nuevo, la voz de la persona amada puede ayudar al niño en sus esfuerzos sin que los brazos sean siempre necesarios. Un tiempo de espera entre la llamada y la respuesta sería conveniente.

El bebé grita, ha terminado su siesta, quiere que vengan a buscarlo. Una voz conocida y querida responde: «¡Voy, termino lo que estoy haciendo, coge tu peluche, voy enseguida!». El bebé aprende a encontrar en sí mismo los recursos necesarios y a tener un poco de paciencia: es su primer paso hacia la autonomía.

Cómo comprender los llantos del bebé

Las necesidades básicas del bebé no son muchas y explican solas una gran cantidad de gritos. En lo esencial son: la necesidad de comer, la necesidad de dormir, la necesidad de mamar, la necesidad de ser cogido en brazos y la necesidad de estímulos. Antes de inquietarte, trata de ver si sus gritos no estarán simplemente provocados por una de esas necesidades. Si es así, respóndele. Distraerlo de su necesidad no resolverá el problema sino de forma provisional. Así pues, más vale empeñarse en comprender y simplemente responder.

¿El bebé llora? Comprueba que todas sus necesidades básicas están satisfechas

- ¿Tiene hambre? Dale de comer enseguida. Esto quiere decir ponerlo al pecho, o tener preparado un biberón en la nevera, provisionalmente.
- ¿Tiene sueño? Aprende a conocer qué lugar, qué postura y qué entorno prefiere para dormir. Y acuéstalo.
- ¿Tiene necesidad de mamar? Si no quieres que esté colgado del pecho vacío, no tengas ningún escrúpulo en darle un chupete.
- ¿Tiene necesidad de proximidad? Acércatelo, sobre las rodillas o en la silla del bebé. Inútil, sin embargo, mecerlo o moverse con él.
- ¿Tiene necesidad de estimulación? Instálalo en su silla, en una habitación donde pueda «hacer su vida», con sus juguetes al alcance de la mano; ponle música, juega y habla con él, etcétera.

Diez minutos para encontrar la causa...

El problema es: ¿cuál de estas cinco causas es la verdadera? Tienes entre cinco y diez minutos para encontrarla. Más allá, el bebé corre el riesgo, si es sensible a la frustración, de caer en una agitación de la que te será difícil sacarlo. Un autor americano, Bruce Taubman, ha elaborado un plan muy concreto y práctico para ayudarte. Se basa en el método de «ensayar errores». Se trata de ensayar con orden, buen sentido y rapidez las posibles soluciones, hasta hallar la más apropiada. La primera etapa consiste en fijarse en el momento en que empiezan los llantos: durante la comida, cuando el bebé está solo en su silla o en su cama o cuando está en brazos.

1. Los llantos comienzan durante la comida

Interrumpe la comida y trata de calmar al niño. Si no lo consigues, ofrécele un chupete: puede que tenga más ganas de chupar que de comer. Si se calma en unos minutos y reanuda la comida normalmente, sin duda tenía un dolor intestinal. Si se calma, pero llora de nuevo en cuanto le pones el biberón o al pecho, puede pensarse en varias hipótesis que examinarás rápidamente:

- Si lo tienes al pecho y el pecho está vacío (o si ha vaciado rápidamente su biberón), es posible que todavía tenga hambre: ofrécele un biberón de complemento y observa si está satisfecho de beberlo.

- Si deja un poco de leche en el biberón y cesa de llorar cuando interrumpes la comida, acepta que no tiene hambre.
- Si rechaza un biberón de complemento, pero continúa llorando, ensaya con el chupete.

Si nada de esto tiene efecto, estudia los dos puntos siguientes.

2. Los llantos comienzan cuando el niño está en brazos o acompañado

Se contemplan tres casos:

- El bebé parece cansado. Mételo en la cama, en su cómoda postura habitual. Si los llantos disminuyen de intensidad en pocos minutos, es que el bebé está en realidad cansado. No tardará en dormirse. Si los gritos intensos persisten, se deben a otra cosa y puedes levantarlo. Ofrécele el chupete. Si esto no lo calma, pregúntate si tiene todavía hambre o necesidad de estimulación.
- El bebé puede tener hambre (su última comida fue hace dos horas o más). Ofrécele el pecho o el biberón. Si los gritos cesan, en efecto tiene hambre. Si no, intenta con el chupete. ¿Sigue gritando? Tal vez necesita estimulación o está cansado.
- El bebé no parece tener ni sueño ni hambre. Sin duda, tiene necesidad de estimulación (juegos, intercambio, música, juguetes). Si nada de esto da resultado, trata, a pesar de todo, de darle el pecho o llevarlo a la cama.

3. Los llantos empiezan cuando el niño está solo en su silla o en la cama

Dos posibilidades:

- El bebé estaba dormido y lo oyes gritar en su cama. Antes de precipitarte a cogerlo en brazos, asegúrate de que está bien despierto, que su ciclo de sueño ha terminado y que te llama. Algunas veces, los bebés gritan durante el sueño, o entre dos ciclos, y es recomendable no intervenir, con el fin de permitirles aprender a sumirse de nuevo en otra fase del sueño. Si está en realidad despierto y lo coges en brazos y sus gritos no se calman, hazte la pregunta del hambre o de otras necesidades.
- El bebé está solo en su silla y no duerme; tal vez tenga sueño, hambre o necesidad de compañía.

¿Y si no se calma?

Seguramente llegará el momento en que alguna de esas cinco necesidades no sea la causa. Pregúntate entonces si el bebé tiene sed, frío o, si acaso, está mojado. O si solo tiene necesidad de que lo tengan un poco en brazos. Elimina los casos en que no sepas cómo o no hayas conseguido tranquilizar a tiempo a tu bebé. ¿No has comprendido lo que pide? ¿Llora por la simple necesidad o el placer de gritar? Difícil decirlo. Lo que sí es seguro es que cierto número de bebés, de los que decimos que tienen cólicos, son más difíciles de comprender y satisfacer. Son normales, felices y gozan de buena salud física y psicológica, pero también son excitables, impacientes, sensibles. Sus llantos son enérgicos, persistentes y sin razón aparente. Para los padres, esto es muy difícil de soportar. Por fortuna, dura solo algunos meses...

¿Son los bebés de hoy más inteligentes?

Los bebés de hoy serían, según la opinión general –tanto de los investigadores como de las abuelas–, más despiertos y más precoces que los bebés de antes. Se podría creer de antemano que no son los bebés los que han cambiado, sino los ojos con que los miramos. Mucho más atentos e interesados por su desarrollo, prestamos interés a los detalles de actitud que anteriormente hubieran pasado desapercibidos. Pero la verdad es mucho más compleja que esto.

Su entorno ha cambiado

Sabemos desde hace mucho tiempo que el medio, el entorno y la actitud de los que lo rodean tienen una influencia importante en el desarrollo del bebé. Ahora bien, estos elementos han cambiado mucho en el transcurso de las últimas décadas. Debido al aumento del nivel de vida y de la generalización de la contracepción, las mujeres tienen menos hijos y más medios para ocuparse de ellos adecuadamente. Las condiciones materiales y psicológicas han mejorado ampliamente, lo cual repercute en el desarrollo de los niños.

Por otra parte, los consejos de la puericultura, así como la manera de atender a los bebés, han evolucionado mucho. No existen ya los bebés siempre acostados y confinados en su cuna durante las largas horas de sus vigilias, sin otro medio de estimulación que un rayo de sol que se posa en la pared. Los bebés de hoy día gatean y con frecuencia están tumbados al sol. Esta libertad de movimiento tan grande ha permitido, sin lugar a dudas, importantes progresos psicomotores. En los meses siguientes, está claro que los niños «entrenados» por numerosos juegos de psicomotricidad tienen un adelanto corporal sobre los demás... que, evidentemente, recuperarán unos meses más tarde.

La forma de ocuparse de ellos es diferente

Decimos que los bebés nos comprenden: también nosotros les hablamos desde el nacimiento. Los hacemos partícipes de nuestras ideas, de nuestras emociones, de nuestros proyectos; los interrogamos. Es verdad que los niños

Jugar al boca abajo

Los bebés, a quienes acostamos de espaldas por razones de seguridad, se muestran a veces reticentes a tumbarse sobre el vientre, aunque se trata de una postura más interesante cuando el bebé está despierto.

Hacia los tres meses, cuando el bebé sostiene bien la cabeza, puede comenzar a quedarse unos minutos boca abajo. El niño ve los juguetes colocados a su alrededor, lo que no sucede cuando está tumbado de espaldas con la única vista del techo.

Para animarlo a sostenerse en los antebrazos y a tonificar los músculos del cuello, puedes, cuando esté tumbado en el suelo:

- Colocar un sonajero delante de su cara.
- Tumbarte también en el suelo y hablarle cara a cara.
- Alcanzarle un objeto.

Algunos bebés detestan la postura boca abajo. Si este es su caso, inútil insistir. Mejor volver a ello un poco más tarde, o esperar a que sea capaz de hacerlo por sí mismo, al darse la vuelta.

de hoy día, en general, hablan mejor y más pronto que los niños de antes. ¿Y entonces?, me diréis. Parecería que el acceso al lenguaje permite un mejor acceso a los conceptos un poco complejos, incluso abstractos. Hablar sería una buena manera de ejercitar su cerebro para pasar a niveles superiores de reflexión. Evitemos toda generalización: mucha gente muy brillante ha hablado tarde.

Desde el nacimiento, nuestros bebés tienen a su disposición sonajeros, móviles, juguetes que, sin duda, desempeñan un papel estimulante. Asimismo, están también rodeados de otros bebés y aprenden los unos de los otros. En la guardería hay siempre alguien que tiene una idea que los otros repiten. Se observan, se imitan, se inician. En casa, los padres en general admiten la idea de que la curiosidad no es un defecto: dejan al niño explorar y experimentar. Por último, lo que los investigadores han descubierto recientemente sobre las capacidades de los bebés ha modificado profundamente nuestra visión y nuestras actitudes educativas.

Más despiertos, sí, pero ¿más inteligentes?

Todo parece apuntar al hecho de que los bebés de hoy parecen ser, en efecto, más despiertos y precoces que los de antes. Pero despierto o precoz no son sinónimos de inteligente. Los bebés de antaño, encerrados y menos estimulados, se convirtieron finalmente en hombres y mujeres tan inteligentes como los de hoy. Y esto es así porque la inteligencia no se deja manipular fácilmente. No es única, sino múltiple: más allá de la inteligencia lógica y verbal, está también la inteligencia emocional. Esta última exige para su desarrollo algo más que unos ejercicios de estimulación.

Nuestros niños aprenden muchas cosas. Debido en particular a la televisión, están, desde pequeños, «al corriente de todo». Pero, nos dice el genetista Albert Jacquard, «demasiado saber mata el saber». Porque lo que cuenta no es la suma de conocimientos almacenados, sino la manera como estos se analizan y organizan. Es evidente que los niños de hoy tienen conocimientos que nosotros no teníamos a su edad, pero están perdidos en otro tipo de saberes, los ligados al conocimiento de la tierra y de la naturaleza, a las realidades humanas y materiales, y es muy difícil saber si hemos ganado con el cambio.

Entonces, ¿niños más despiertos? Sí, esto se constata todos los días. Pero más inteligentes, o más capaces de hacer girar el mundo mañana, nadie lo puede afirmar.

Memoria de elefante

Hacia los seis meses, el bebé se hará más capaz de memorizar y mostrar su interés por ciertos objetos.

Este juego está destinado a ayudar al bebé a recordar aquello que acaba de ver. Siéntate frente a una mesa con tu bebé en las rodillas, igualmente de cara a la mesa. Coge uno de sus juguetes favoritos, muéstraselo hablando del juguete y animándolo durante algunos segundos. Después, coloca el juguete sobre la mesa y vuelve al bebé hacia ti (con la espalda hacia la mesa). Si trata de volver la cabeza, después su cuerpo, para volver a la posición precedente y encontrar el juguete, ayúdale para conseguirlo y felicítalo como si hubiera hecho muy bien alguna cosa.

También es posible que tu bebé no demuestre curiosidad alguna por el juguete que ha desaparecido de su campo de visión. Esto significa solamente que no está todavía listo para este juego: puedes ensayar de nuevo en unas pocas semanas.

¿Cuáles son las necesidades de un bebé?

Para sobrevivir, un bebé necesita comida, calor, palabras de amor. Esto lo saben todos. Pero los estudios recientes sobre los bebés van más lejos. Estos ponen en evidencia lo que necesita el bebé en el plano afectivo para desarrollarse mejor en el plano intelectual. En resumen, nada de inteligencia sin vínculos.

Las necesidades básicas

Para que su despertar vaya lo mejor posible y desarrolle plenamente sus capacidades, el niño tiene un cierto número de necesidades básicas que deberán ser satisfechas.

- Unos padres que lo quieran y lo cuiden. Pero también necesita un tiempo para él solo, durante el que aprenderá a sacar partido de sus propios recursos interiores. Esto quiere decir que hay momentos en que es deseable dejar al bebé tranquilo, con alguien al alcance de la mano que lo atienda si él lo desea. Del mismo modo, tiene necesidad de sueño, que es un tiempo de recuperación y de organización intelectual y un factor esencial de equilibrio, que no se debe subestimar.
- Un espacio y unos objetos a explorar, en total libertad. Es bueno ofrecer al niño numerosos estímulos para evitar que se aburra demasiado, pero hay que encontrar un equilibrio: atención a los excesos. El niño tiene también necesidad de manejar su tiempo, de ir al fondo de las cosas y de aprender a explorar todos los recursos de lo que lo rodea. El aburrirse, en dosis razonables, lo ayudará a desarrollar su imaginación.
- La confianza en sí mismo, la cual se construye en parte por la confianza que tenemos en nuestro niño. Nuestro pequeño tiene necesidad de saber que es amado desde que llega y apreciado por lo que realmente es. Le gusta que estemos contentos con él, que nos interesemos por sus manifestaciones y actividades.
- Las palabras. Hablar tiene un papel humanístico y favorece la eclosión de la inteligencia al servir de soporte al pensamiento. Una palabra rica, personal, afectuosa, ayuda al niño a construirse una representación interna del mundo y a encontrar su lugar en él.

Una habitación interesante

El bebé tiene necesidad de estimulaciones para desarrollarse mejor. Le gusta interesarse por lo que lo rodea. Su curiosidad está despierta continuamente, y su inteligencia, en movimiento.

La habitación del bebé es el lugar donde pasa la mayor parte del tiempo y, a menudo, los momentos de tranquilidad y de soledad. Es el corazón de su universo. ¿Por qué no hacer de este sitio un lugar para el despertar de sí mismo, donde el bebé se sienta rodeado de cosas interesantes?

Una habitación alegre es agradable, pero no es una razón para dejar ahí al bebé mientras tú te ocupas de las otras habitaciones. Lo que le interesa, cuando está despierto, es seguirte de habitación en habitación, verte vivir y escucharte comentar tus actividades.

El papel de la afectividad

Los estudios más recientes demuestran claramente que el desarrollo intelectual de un niño está desde el comienzo muy fuertemente ligado a su desarrollo afectivo y al ambiente que reina en su entorno. El vínculo es tan fuerte que los dos no pueden estar disociados. Una vida armoniosa y equilibrada; un entorno sereno, seguro y benévolo; un afecto sólido al paso de los años. He aquí lo que puede servir de base a la inteligencia del niño, quien necesita, en primer lugar, sentirse incluido en una relación de seguridad y respeto.

Muy pronto, el bebé tiene necesidad de saber que puede intervenir en el mundo y que puede contar con los mayores, en especial con sus padres, para apoyarle y ayudarle en su progreso. Esta confianza pasa por las actividades de la vida cotidiana. Sobre esta base sólida, el niño puede partir hacia el descubrimiento del mundo y hacia su comprensión.

La utilidad de los mimos

Todo el mundo sabe que los bebés tienen necesidad de mimos y de ser cogidos en brazos. Pero los descubrimientos actuales van más allá de esta simple observación; el contacto físico padres-bebé ayuda directamente a ganar peso, a la salud psíquica y al desarrollo del cerebro.

Los estudios dirigidos por Fields en Estados Unidos muestran claramente que los contactos afectuosos y los masajes pueden ayudar a ganar peso a los bebés muy pequeños. «El tacto», dice Fields, «estimula una rama de un nervio craneal llamado *vagus vegetativo.* Este activa el trabajo gastrointestinal, liberando hormonas como la insulina, la cual mejora el nivel de absorción de los alimentos». Según otras investigaciones, el contacto afectivo disminuye la tensión de los bebés y aumenta su resistencia inmunitaria, lo cual puede evidenciarse por la medida de cortisol en la orina. De la misma manera, se evidencia que las madres atentas y afectuosas son más proclives a tener niños muy despiertos.

Todo esto tiene un fundamento. En el bebé, más aún que en el adulto, no se pueden separar las dimensiones que lo componen. Un bebé que haya sido mimado y que haya vivido de entrada el contacto con seres humanos cálidos, sensibles a las necesidades por él manifestadas y capaces de entregarse, gozará de una mejor salud psíquica, afectiva e intelectual, para desarrollar una seguridad interior básica y una confianza en el otro que le permitirá construirse a sí mismo.

He aquí algunas ideas sobre decoración

La mayor parte de la decoración debe ser movible, y así, después de un periodo de tiempo, podrá ser renovada para mantener la curiosidad del niño.

- Decora el techo, sobre todo el trozo sobre la cama del bebé, con grandes carteles de colores, una cometa o fotos grandes. Cuelga en la habitación objetos livianos que vuelen con las corrientes de aire: globos, guirnaldas de Navidad, pájaros de papel, móviles ligeros, etc.
- El bebé adora las caras. Recórtalas de las revistas y cuélgalas a los lados de su cama.
- Pega sobre los cristales las decoraciones que venden para las fiestas o para Navidad, o bien fabrícalas recortando hojas de plástico adhesivo.
- El bebé adora todo lo que se mueve: si tenéis un acuario con bonitos peces, hay que instalarlo en esa habitación. Se ha demostrado que el acuario tiene también un efecto tranquilizador sobre los niños.

Cómo elegir una guardería*

La buena elección será la vuestra, porque así el bebé se sentirá bien. Lo primero que hay que hacer es interrogarse sobre el estilo de guardería que uno prefiere. La siguiente cuestión, sobre las ventajas e inconvenientes del tipo de guardería elegido, os puede servir de ayuda. Después viene el emplearse en la búsqueda de las posibilidades correspondientes que existan en tu comunidad, tu barrio, tu empresa.

No esperes al último momento

Es muy frecuente que a los seis meses de embarazo empiece una a preocuparse de encontrar un tipo de guardería para el bebé que viene. Las consejerías de educación de las comunidades autónomas, las juntas municipales, las relaciones con el vecindario... son a menudo una buena fuente de información. Las inscripciones para las guarderías han de hacerse sin tardanza cuando empiezan los plazos de inscripción.

La buena elección es la elección posible

La buena elección es raramente una elección ideológica, y no existe, de forma absoluta, un tipo de guardería mejor que otro. Pero hay una que te corresponde mejor, por una razón u otra; que es práctica, donde te sientes en confianza y donde tu niño tiene una buena oportunidad de ser acogido. Esta será seguramente la mejor.

Aproximadamente cuatro meses después del nacimiento de tu bebé, si trabajas fuera de casa, tendrás ya que dejarlo por la mañana en unos brazos desconocidos y coger el camino del trabajo. Para que este traspaso se haga con total confianza, será menester, hasta entonces, realizar una verdadera encuesta, hacer alarde de tus dotes de ingenio, de seducción e intuición, y desbaratar numerosas trampas. Este período de búsqueda de un tipo de guardería provoca una tensión nada desdeñable y requiere una gran paciencia. Pero al final de este recorrido encontrarás un lugar favorable, donde te sentirás segura de dejar a tu pequeño en los brazos afectuosos de una persona competente, atenta a sus particularidades, consciente de sus necesidades, respetuosa de sus ritmos y deseosa de despertarlo a los miles de descubrimientos de la vida.

La buena elección tiene en cuenta vuestra situación financiera, vuestras obligaciones profesionales y las plazas

* Nota del editor: Se utiliza el nombre de *guardería* porque es el término por el que la mayoría de personas conocen los centros que se dedican al cuidado y educación de los niños de cero a tres años. Sin embargo, los educadores prefieren denominar a los centros *escuelas infantiles* porque consideran que no solo guardan al niño, sino que también lo educan.

disponibles. A menudo es prudente inscribirse en varios establecimientos o prever una solución de recambio para el caso de que vuestro niño no sea admitido donde tú desearías. En la guardería, a menudo se tendrá la respuesta en junio para su admisión en septiembre.

Algunos elementos importantes en la elección

El lugar de la guardería

El criterio de la ubicación de la guardería es muy importante. Hay que tener en cuenta que está en juego el tiempo de los padres, bastante escaso en esta época. En primer lugar se debe empezar por visitar las guarderías más cercanas al domicilio o también las que estén cerca del trabajo de los padres. Las cercanas al domicilio tienen la ventaja de que no se traslada al niño, y en las que están cerca del trabajo se tiene más cerca al niño durante el horario laboral para cualquier eventualidad.

Tus horarios profesionales

Hay centros que tienen horarios estrictos para abrir y cerrar. Toleran mal a los padres con horarios profesionales variables y no te solucionan cualquier problema de horarios que puedas tener. Si comienzas muy temprano por la mañana, si terminas tarde por la noche, si trabajas de noche y no puedes alternar de forma satisfactoria con tu cónyuge, este tipo de guardería no es para ti.

Tus medios económicos

Actualmente en España hay centros para todos los tipos de situaciones económicas. En general en los centros públicos, el precio de la jornada que tendrás que pagar por tu niño se calculará en función de vuestros ingresos. Las rentas altas pueden ser un factor muy importante para no tener la puntuación necesaria para ser admitido en un centro público.

Tus preferencias personales

Tres grandes opciones se te ofrecen: colocar a tu niño en un centro público, en un centro privado o mantenerlo en casa con una cuidadora a domicilio. ¿Es mejor para un niño que se relacione con muchos niños y adultos, o dejarlo en casa con una persona de confianza y planificar su socialización con los hijos de los vecinos u otros niños conocidos? Se trata evidentemente de una cuestión de sensibilidad personal. Vosotros solos, los padres, podéis hacer la elección.

Las necesidades de vuestro bebé

Os convenceréis de haber hecho la mejor elección para el bebé al aseguraros de que, en el entorno donde lo vais a dejar, o con determinada persona, sus necesidades esenciales estarán satisfechas y se sentirá feliz.

- Necesidad de afecto, de ternura y de estabilidad.
- Necesidad de calma, de un ambiente seguro, de alegría de vivir.
- Necesidad de respeto para su desarrollo, su ritmo, su individualidad, sus descubrimientos.
- Necesidad de palabras, de intercambio, de voces auténticas que humanicen la relación.
- Necesidad de despertarse y abrirse al mundo, a la vida, a los demás.
- Necesidad de un buen entendimiento entre los padres y aquellos a quienes se lo habéis confiado.

¿Cuáles son las ventajas y los inconvenientes de la guardería?

Conocidas las características de un tipo de guardería, puedes elegir, con conocimiento de causa, dónde inscribir o no a tu niño. Si la guardería es un lugar de aspecto fantástico, no por ello es el tipo de guardería milagro para todos los niños o todas las familias.

Las ventajas

- La guardería acoge a tu niño todos los días laborables. No se enferma, no se traslada y no toma vacaciones.
- Garantiza para todos la igualdad de trato y de cuidados.
- En las guarderías públicas, las tarifas son diseñadas según los ingresos de la familia, lo cual puede significar un beneficio económico considerable.
- El niño está bien vigilado según los planes de higiene, salud, nutrición y seguridad. El personal está entrenado para hacer frente a las urgencias médicas.
- Es un medio tranquilizador donde el niño se confía a un personal formado en puericultura y versátil en sus competencias (educación, puericultura, psicología, etc.).
- De hecho, en lo que se refiere a la «institución» y la dilución de los papeles, la madre permanece sin duda como el personaje central y esencial en la educación del niño.
- El niño está en contacto temprano con otros niños, lo cual es una fuente de enriquecimiento y socialización.
- El espacio y los juegos múltiples son importantes. Las posibilidades de estimulación del desarrollo intelectual y motor son numerosas. Todo el trabajo se hace en aras de un desarrollo equilibrado del niño y de la adquisición progresiva de su autonomía.

Pero los inconvenientes también existen…

- Los horarios de apertura, rígidos, no convienen a todas las situaciones profesionales.
- La guardería impone un alto nivel de ruido y de actividad al niño, lo que hace que sus jornadas sean demasiado largas. A menudo, los padres recogen a unos niños agotados.

La guardería de empresa

Las guarderías de empresa son generalmente de muy buena calidad. Como empleada, tienes prácticamente asegurado el encontrar una plaza para tu bebé y sus horarios coincidirán con el tuyo. Esto es muy conveniente, por ejemplo, en los empleos hospitalarios, o bien en aquellos en que las madres pueden ser requeridas para trabajar de noche, o simplemente fuera de los horarios habituales de las guarderías.

El inconveniente para el bebé está, en algunos casos, en la duración de los trayectos entre su casa y la guardería, que serán los mismos que los de la madre. En una cama o un asiento del coche, el bebé, con el sueño alterado, puede esperar a dormirse de nuevo. Pero ¿en el autobús o en el metro? El otro inconveniente para la madre es que si cambia de empleo o de lugar de trabajo, pierde su plaza en la guardería.

- Cuando el horario del niño se alarga, los cambios de turno del personal no facilitan al niño que establezca lazos afectivos reales y seguros.
- La ley del grupo es a menudo contraria a los intereses individuales: por no tener en cuenta las particularidades y el ritmo de cada uno, por la frustración de sus deseos, la obligación de esperar turno para comidas o cambios, la obligación de soportar los gritos, los llantos o las agresiones de otros niños, los contactos individuales con el adulto, etc. Estos inconvenientes varían dependiendo de una u otra guardería, según la organización y la reflexión que se establece alrededor del niño.
- Las contaminaciones microbianas y virales, que ciertos pediatras llaman *viriasis de guardería,* son frecuentes. A menudo, el niño está sujeto en la guardería a infecciones rinofaríngeas, con consecuencias generalmente benignas. Lo normal es que la guardería no admita al niño el día que está enfermo; además, no podemos decir que sea el lugar ideal para cuando tiene fiebre. Los padres de un niño de guardería se ven a veces obligados a coger días de permiso para cuidarle, o a poner en marcha otra solución para un arreglo eficaz. Para ciertos niños con una salud más frágil de lo habitual, la guardería puede estar contraindicada.

Criterios para hacer una buena elección

Después de tener en cuenta los criterios de ubicación anteriormente comentados, se puede hacer una lista con las características más importantes que debe tener una guardería. Las siguientes preguntas pueden ayudar:

- ¿Los aspectos físicos (limpieza, luz, conservación del material...) son óptimos?
- ¿Cuál es el ideario? (El ideario es el conjunto de objetivos que se persiguen en la educación del niño y que marca la identidad del centro).
- ¿Qué experiencia tiene el personal?
- ¿Cómo es el menú de las comidas?
- ¿Hay actividades para los padres? ¿Hay escuela de padres?
- ¿Cómo son los servicios de urgencias?
- ¿Cómo tienen organizado el servicio médico?
- ¿Tienen servicio de atención psicológica?
- ¿Tienen un período de adaptación los primeros días del niño en la guardería?

¿Y la abuela?

Cuando esta solución es posible, constituye, sin duda, la más práctica, económica y afectivamente más enriquecedora para el bebé. Los únicos inconvenientes podrían venir de los vínculos que unen a la madre del bebé con su propia madre o su madre política, según el caso. Cualquier conflicto latente o larvado será mal vivido por el niño.

Atención a estar de acuerdo con las reglas educativas aplicadas al niño. Atención igualmente a no apoyarse demasiado en la abuela; es la madre quien debe seguir siendo la madre y quien ha de recuperar a su niño por la tarde y el fin de semana. Es a ella a quien le corresponde bañarlo, llevarlo al médico, etc. El abuelo no debe tampoco asumir el papel del padre. Atención a las confusiones y desbordamientos. Y un bebé es una carga pesada...

Cómo adaptar al bebé a su tipo de guardería

Has hecho todo lo que debías y tienes una plaza para tu bebé en la guardería. Te tranquilizas sobre lo esencial: el bebé será bien acogido, en la fecha en que tú reanudes tus actividades, por profesionales acostumbrados a cuidar de los niños pequeños, en un entorno agradable. Esta legítima satisfacción es rápidamente seguida por una inquietud: «¿Va a sufrir mi bebé con esta separación? ¿Estará contento?». Ten la certeza de que sí, con un poco de tiempo y algunos simples consejos.

Preparar suavemente la separación

La edad de la separación es importante. El niño de entre cuatro y siete meses es sensible a la ausencia de su madre, a quien considera aún como parte integrante de sí mismo, pero su partida no le suscita inquietudes particulares. La atención se debe centrar en la suavidad para habituarlo al cambio y la necesidad de renovar cada noche una relación cómplice y privilegiada. Hacia los ocho o nueve meses, el bebé atraviesa un período de angustia por la separación. Se aferra a su madre. Cada separación que comienza a esta edad se debe hacer con una atención y una seguridad muy particulares.

A partir de un año, el niño sabe que sus padres vendrán a buscarlo por la tarde; por ello está menos inquieto, pero siempre dispuesto a manifestar su desacuerdo. La adaptación será más fácil para el niño que ha estado ya separado de su madre que para el que sale de una tierna etapa de intimidad...

Una separación hay que prepararla. Es preferible que la mamá que amamanta a su bebé evite destetarlo en los días precedentes a su entrada a la guardería. Perder a la vez el pecho, la casa y la mamá hará las cosas mucho más difíciles. Del mismo modo que se dedican dos semanas para empezar con los biberones, siempre será posible continuar dándole el pecho un par de veces, por la mañana y por la noche, durante algún tiempo. No hay que olvidar que si la guardería está próxima al trabajo o es una guardería de empresa, la madre puede seguir amamantando al bebé.

No es tampoco deseable que el ingreso en la guardería sea la primera separación del bebé y de su madre. Dejar al niño por una hora o una tarde con la abuela o una canguro de confianza acostumbrará al niño a sus idas y venidas.

Respeta sus pequeños hábitos

En previsión del primer día de guardería, prepara una lista destinada a su educadora. Anotarás todo lo que, en tu opinión, sea importante conocer sobre el bienestar de tu bebé.

- Sus hábitos de sueño (posición, duración, etc.).
- Sus hábitos de comidas (horas, cantidad, etc.).
- Sus ritmos, sus alegrías, sus disgustos, su carácter.
- Sus pequeños problemas, sus debilidades, sus enfermedades.

La educadora estará encantada de tener toda esta información por escrito y podrá servirse de ella para atender mejor a tu bebé. En efecto, los esfuerzos de los primeros días consisten en atenuar lo mejor posible la inquietud del niño ligada al cambio de medio, teniendo en cuenta al máximo sus hábitos de casa.

¿Y el padre? ¿Le dejas tomar sus iniciativas en el momento que sales de casa? ¿Tienes confianza en su aptitud paternal o, más bien, prefieres vigilarlo todo? Habrá que aprender a delegar…

La suavidad de la adaptación

A los cuatro o cinco meses, el niño no tiene medios ni para comprender su nueva situación ni para expresar su angustia. De ahí la necesidad de adaptarlo progresivamente a su nueva vida. Cada guardería tiene sus hábitos, que son explicados a los padres. Generalmente se requieren una o dos semanas para la adaptación. Esto implica tomarse un tiempo, durante algunos días, para quedarse con el bebé y para elaborar las indicaciones y familiarizarse. Luego habrá que dejarlo solo muy progresivamente, primero una hora, después el tiempo de una comida, etc.

Los primeros tiempos de la separación, el bebé hará pequeñas jornadas. Poco a poco, aprenderá a encontrarse en dos ambientes distintos y entre las personas que lo cuidan.

Para que el bebé no se sienta «perdido»

Proteger la seguridad interior del bebé sigue siendo el elemento esencial, que evitará que el niño sufra con estas separaciones cotidianas. Esto se hará por pequeños pasos:

- El bebé es sensible a los olores: dejar en su camita una bufanda que su madre haya llevado algunos días le recordará su presencia.
- Llevarse algunos juguetes, sonajeros o peluches a los cuales esté habituado ayudará al niño a crear un vínculo entre la guardería y su casa.
- Este vínculo será además reforzado si los padres dedican unos minutos, por la mañana y por la tarde, a intercambiar con el personal las pequeñas informaciones que constituyen lo cotidiano y el bienestar del niño.
- Saber decir adiós al bebé, después de un pequeño mimo, con calma, pero sin darle largas, forma parte de los signos que lo tranquilizan verdaderamente. ¡No se debe olvidar que la ansiedad del bebé es a menudo un eco de la de su madre!
- La mayor parte de los bebés son felices allí donde los cuidan. Dentro de poco, el tuyo irá contento. Sobre todo si no olvidas jamás que el tiempo que os queda para pasar juntos debe ser un tiempo disponible para él y de calidad. Así pues, olvídate de la aspiradora o de las preocupaciones profesionales, relájate y convierte el tiempo compartido en ricos momentos de intercambio y de amor.

Habla sobre la experiencia

Es importante hablar de lo que pasa y de explicar la nueva situación, calmada, clara y repetidamente, al niño, cualquiera que sea su edad, aunque uno crea que no pueda comprender lo que se le dice. Lo peor para el niño será ser depositado de repente, una mañana, sin explicaciones.

Igualmente, cada vez que el niño se encuentre frente a una prueba o una situación desconocida para él, debe hablársele primero. Hay que hablarle de la educadora que se ocupará de él, presentarle a las otras personas que verá cada día, llevarle a ver los lugares dándoles su nombre, etc. Explicar las cosas de esta manera, en presencia de la educadora, ayuda a hacerlas soportables. El bebé se siente capaz y autorizado para ir hacia el mundo y entablar lazos afectivos fuera de la familia.

La canguro; la primera vez

¿Cómo confiar el bebé a una canguro e irse tranquila?

He aquí una cuestión crucial para el bien de los padres que retrasan un mes tras otro el momento de confiar una tarde a su bebé por vez primera, cuando necesiten disfrutar de una pequeña velada para ellos solos. Pero llega un día en que todos los padres se enfrentan a la necesidad de hacer cuidar a su bebé por una canguro. Obligaciones profesionales o salidas de la pareja; las ocasiones no faltan.

Para no encontrarse desprevenido, es aconsejable tener siempre a mano una lista, puesta al día con regularidad, de jóvenes (chicos o chicas) en quienes se tenga total confianza y que puedan echar una mano. Veamos lo que se puede hacer para dejar al niño con el corazón tranquilo, sin inquietudes excesivas.

Saber separarse

A ciertos padres les sienta muy mal confiar a su bebé a una canguro, o se sienten culpables cuando se ven obligados a hacerlo. Es verdad que los pequeños tienen necesidad de sus padres y de una continuidad en los cuidados. Es cierto también que un niño que ve poco a sus padres durante la semana, encuentra placer en reencontrarlos por la tarde y en el fin de semana. También es inútil forzarse a confiar a su pequeño si se siente que el momento no ha llegado o que la confianza no existe.

Pero los niños también necesitan sentir que sus padres tienen una vida fuera de ellos, con amigos y salidas. Necesitan que papá y mamá se amen y que la relación que los une sea fuerte. Que los padres se reserven sus momentos de intimidad fuera del hogar es una buena cosa.

Que el pequeño tenga su «propio» lugar no quiere decir «todo» el lugar.

Escoger la canguro

- Siempre será preferible cualquiera que ya conozcas: piensa en los niños mayores de vuestros amigos o vecinos, en las chicas que trabajan en la guardería, en estudiantes de vuestro bloque, etc.
- El boca a boca es un buen método para encontrar una persona de confianza, cualquiera que os sea calurosamente recomendada por una madre anterior. Haz una encuesta en el vecindario.
- Si empleas a una canguro desconocida, pídele que pase a verte en los días precedentes a vuestra salida, a fin de conocerla, coger todos sus datos y ver cómo se comporta con el niño.
- En tu elección, no olvides que el buen sentido, la madurez y la amabilidad cuentan casi tanto como la experiencia.
- Trata de emplear cada vez a la misma canguro; tu niño se habituará a su presencia. Pero procura tener siempre a una o dos personas a quien llamar en caso de indisponibilidad de la canguro habitual.

Organizar tu ausencia

- Dispón una pequeña libreta para uso de la canguro, que guardarás permanentemente cerca del teléfono y donde anotarás todas las cosas importantes que deba saber. Las instrucciones escritas son siempre más seguras que aquellas enumeradas rápidamente con las prisas de la partida.

- Prepara con antelación lo que la canguro vaya a necesitar: biberón, leche, pañales, crema, pijama, libro, etc.
- Pídele que llegue media hora antes de tu partida a fin de poder explicarte con calma y sin precipitación.
- Haz que tu nueva canguro se sienta cómoda haciéndole visitar las habitaciones principales de la casa, explicándole el funcionamiento del televisor, etc.

Separarse sin drama

- Tu niño no llorará con tu partida si dejas escondida una pequeña sorpresa en la casa, que no tendrá derecho a buscar hasta que te hayas ido. ¡No olvides informar a la canguro del secreto!
- Este objeto, puesto aparte con esa intención (un juguete pequeño o una chuchería será suficiente), puedes hacer que se lo ofrezca la canguro; la aceptará mejor.
- Prepara un pequeño menú que al niño le guste especialmente y que compartirá con la canguro. ¡Comer juntos crea vínculos!
- Puedes también autorizar al niño, excepcionalmente por esa noche, a que vea una película nueva de dibujos animados antes de irse a la cama.
- Procura no marcharte mientras el niño está dormido o de espaldas. Explícale antes, no importa cuál sea su edad, que saldréis a cenar fuera y que volveréis cuando esté dormido. Cualquiera que sea la reacción del niño al anuncio de vuestra partida, tanto si llora como si protesta, estará siempre mejor que si no es informado.
- ¿A tu niño le sienta mal separarse de ti? Le dirás «adiós» y le darás «un beso que marque». Ponte lápiz en los labios y deposita un gran beso sobre el dorso de su mano. Se sentirá contento y divertido por esta huella de tu boca que podrá guardar. Otra idea: deposita una gota de tu perfume en el hueco de su muñeca.

Hecho esto, puedes irte con toda tranquilidad.

Un último consejo: id adonde habéis dicho, prevenid a la canguro si hay un cambio de programa y volved a la hora anunciada. ¡Feliz velada!

La pequeña libreta indispensable

En la primera parte, anota:

- Las costumbres de tu hijo.
- Sus miedos y sus pequeños caprichos.
- Sus juegos preferidos.
- El desarrollo del ritual de la tarde.
- Si sigue algún tratamiento.
- Etcétera.

En las páginas siguientes, anota los números de teléfono:

- Del médico habitual.
- Del servicio médico de urgencia.
- De los bomberos.
- De los vecinos más cercanos.

Al final de la libreta, escribe:

- La fecha del día.
- La forma de encontrarte en caso de urgencia.
- Vuestra hora de regreso aproximada.

m

amá

aprendizajes precoces

pediatra

papá

rabietas

hora de dormir

Papá y mamá son diferentes... tanto mejor

El bebé es listo como nadie desde las primeras semanas de su vida. Tiene ya aptitudes claras para el lenguaje y las matemáticas... Pero para lo que está más dotado es, sin ninguna duda, para las relaciones humanas. Investigaciones recientes han conmocionado los conceptos que teníamos sobre el afecto y las relaciones precoces que el bebé mantiene con sus padres.

Una mamá es primordial...

Para un bebé, encariñarse con sus semejantes es tan importante como comer. No es un aprendizaje: es una necesidad imperiosa que está ahí desde el comienzo. Su supervivencia depende de ello. Pero, evidentemente, su madre está en primera línea. Como ella es prioritariamente quien lo alimenta, lo cambia, lo mece y cuida, también es la primera en ser amada y reconocida. Para un niño muy pequeño será imposible desarrollarse bien en el plano intelectual o físico si no está contento. Los estudios son indiscutibles: los bebés que son a menudo cogidos en brazos, que se sienten queridos y atendidos, se desarrollan mejor que los otros. La mamá predispuesta hace al niño interesarse por todo. El amor lo empuja a actuar, aprender, descubrir y progresar.

Pero muy pronto, ella va a compartir miradas, gorjeos y sonrisas con otro ser cuya importancia va a crecer con el tiempo: el papá. Vamos a verlo: su papel es también muy importante.

Los padres son diferentes

El padre tiene un papel específico, precisamente porque su comportamiento es diferente al de la madre. Él no se ocupa del niño de la misma manera, y por eso es necesario. El bebé distingue a sus padres desde el nacimiento, pero hacia los seis meses empieza a notar una diferencia clara entre ambos. ¿Mamá entra en su habitación? Se calma. ¿Es papá? Se le ve despierto, como estimulado por la presencia de su padre. Todo su cuerpo parece decir: «¡Qué bien, nos vamos a divertir!».

¿Y los padres que se quedan en casa?

Esta forma diferente en que los padres entran en relación con sus pequeños y se ocupan de ellos se encuentra en todos los niveles sociales y culturales. Se encuentra también en los padres que se quedan en casa con los pequeños cuando la madre trabaja. Incluso si es el padre quien más cuida al bebé todos los días, no lo hace como una madre. Y esta diferencia se observa durante toda la primera infancia.

Pues, entonces, papá que vacilas en emplear tu tiempo completo en hacerte cargo de tus pequeños, ¡no vaciles! Hazlo a tu manera, sin intentar comportarte «como su madre». Sé un verdadero padre, cercano al niño, y a este no le faltará nada.

Por otro lado, es bueno que así sea. Es con papá con quien se salta por el aire, se juega al caballo y se rueda por el suelo. Con mamá se hace un puzzle o se mira un libro. Está comprobado: los padres prefieren los juegos físicos con su bebé, porque en ellos hay contacto corporal, mientras que las madres prefieren los juegos visuales... y los grandes mimos. Esos juegos corporales con papá desempeñan un papel no desdeñable en el desarrollo del equilibrio y la soltura del cuerpo.

Cuando una mamá coge a su bebé en brazos, tiene un modo muy suyo de sostenerlo y lo hará de esta manera nueve veces de cada diez. El papá, si coge a su bebé diez veces, lo hará de nueve formas diferentes: con el brazo derecho, con el brazo izquierdo, sobre la espalda, sobre la cadera, entre las piernas o en la cintura, etc.

La importancia de los papás

Lo que hace la mamá tranquiliza; lo que hace el papá estimula. La madre protege a su pequeño, el padre lo ayuda a alcanzar su autonomía. Así es como podemos resumir simplemente lo que distingue a uno del otro. Y el bebé necesita a los dos.

Una vida en «estéreo»

Estas diferencias numerosas y espontáneas en la actitud de los padres ofrecen al bebé equilibrio y enriquecimiento. No hay una manera de comportarse con el bebé que sea mejor que la otra: los dos contribuyen a su pleno desarrollo. Si el padre participa en la educación, el bebé progresa con más fuerza y astucia, y controla mejor su impulsividad. Llora menos cuando está separado de sus padres o cuando se encuentra en presencia de un extraño. Explora más. Incluso en años posteriores parece desarrollarse mejor intelectualmente. Se controla más y manifiesta una mejor adaptación social.

En el fondo, lo que hace el padre es crear para el niño un vínculo entre el universo maternal, protector y tranquilizador, y el mundo de fuera, atractivo pero inquietante. La mamá da seguridad y el papá permite ir hacia delante: el bebé necesita a los dos.

¿Y en lo referente al lenguaje?

El bebé no habla de la misma manera con sus dos padres. Entre los dieciocho meses y los dos años, gorjea o chapurrea. Como su madre lo comprende muy bien así, no hace con ella ningún esfuerzo para hablar. Enseña su dedo, señala las galletas con aire de entendimiento o mueve la cabeza para rechazar el puré de judías. Cuenta con ella para que lo comprenda «por instinto».

Pero el padre está menos familiarizado con el «pequeño lenguaje» del niño, tanto que lo obliga a esforzarse si quiere hacerse comprender. Resultado: el bebé hace con el padre esfuerzos y progresos que no haría de otra manera.

Él os comprende

Aunque el bebé hable poco, os comprende mucho más de lo que expresa. Así pues, no vaciles en dirigirte a él para comentar los acontecimientos de la vida cotidiana. Con sus propios medios, encontrará la manera de dialogar y entrará poco a poco en un verdadero intercambio.

Los pros y los contras de los aprendizajes precoces

Todos los padres aman a sus bebés...

Todos quieren lo mejor para ellos y les dan las mejores posibilidades para tener éxito en la vida. Los numerosos descubrimientos sobre las capacidades de los bebés y sobre su maravillosa aptitud para aprender han dado ideas a un cierto número de personas, padres o profesionales, preocupadas porque los bebés no pierdan un tiempo precioso. La idea que subyace en estas actividades es la siguiente: mientras más estimulado sea el bebé y más precoces sean sus aprendizajes, más inteligente será y estará mejor preparado para la existencia.

Esta idea ha llevado a algunos a proponer a los padres métodos de aprendizaje precoz para aplicar a su bebé (cuando no al feto). A los seis meses aprende vocabulario en láminas, al año aprende a leer, a los dos años comienza con el violín y una primera lengua extranjera, etc. Estos métodos revelan más afán de atiborrar que de enseñar, y niegan todo lo que tenga que ver con los deseos y la individualidad del niño. Los resultados, tanto a corto como a largo plazo, son a menudo desoladores, pero los partidarios solo hacen ver los resultados extraordinarios obtenidos por algunos... y no los daños que ocasionan.

No todo está en juego a los seis años

Una teoría que busca convencernos de que nuestros bebés son todos unos genios es evidentemente tentadora. ¿Qué padres no desearían intentarlo? Tanto más cuando nos persuaden de que este período de gran receptividad para el aprendizaje es breve: si no empezamos en seguida, ¡está perdido definitivamente!

Aquellos que fracasan al comienzo de la vida por causa de los imponderables no tienen ninguna oportunidad de recuperarse. Lo que se dice sobre el plano psicológico, algunos lo afirman también sobre el plano intelectual y justifican así todas las derivaciones, todos los usos excesivos. ¿Qué pensar? El niño, al nacer, tiene todo por construir. Se comprende fácilmente que los primeros meses y los primeros años, al trazar las primeras marcas y los primeros recuerdos en el cerebro del niño, sean determinantes. Este

Desarrollo afectivo e intelectual van unidos

Finalmente, parece que la mejor manera de ayudar al niño en su evolución es darle ternura, hablarle y enriquecer su entorno de diversas maneras. Todo lo que podemos compartir, los pequeños juegos, los pequeños ejercicios de la vida cotidiana que se hacen juntos, ayudan y estimulan al niño. Pero estos existen para alentar un placer común y un descubrimiento de la vida, no con miras de rentabilidad.

Todos los descubrimientos recientes insisten en el hecho de que el desarrollo intelectual está íntimamente unido al desarrollo afectivo y al ambiente en el cual vive el niño. El afecto constante es prioritario, es la peana desde donde el niño va a ensanchar sus maravillosas capacidades.

primer período tiene un vínculo con las etapas siguientes. Pero nada está en juego. Incluso si el desarrollo es un proceso continuo, en el que cada etapa tiene una influencia sobre las siguientes, su evolución no es inmutable. Los procesos se forman en grandes períodos de tiempo. Si un tren se pierde, otro pasará. El niño no pierde sus capacidades en unos meses: es su forma de aprender la que evoluciona. Enseñarle en un año aquello que aprendería simplemente a los tres años no es solamente no respetar su ritmo, sino además impedirle vivir lo que debe vivir durante ese año.

Cada etapa es importante. Para que el edificio del ser humano sea sólido, la estructura debe ser construida sobre bases sólidas, adquiridas en el momento correspondiente.

Los aprendizajes «obligados»: ¿en nombre de qué eficacia?

Como dice Hubert Montagner: «No se debe intentar transformar a los pequeños en monos sabios. Lo importante es que el niño descubra sus capacidades y que las haga descubrir a sus padres». Estos últimos años, la sociedad ha desarrollado el culto del niño perfecto, del niño al que han convertido en un objeto y lo han manipulado por temor al fracaso y a las dificultades del porvenir. Hoy día, el niño ideal es aquel que es sobresaliente, precoz, que «aprende» y tranquiliza así a sus angustiados padres.

Si al menos pudiéramos adelantar que los aprendizajes precoces hacen al niño efectiva y permanentemente más destacado, más precoz… y finalmente más inteligente y, sobre todo, más feliz que sus camaradas, criados «de forma natural»… Pero esto es falso.

Todos los expertos que estudian seriamente la cuestión se empeñan en calmar a los padres con tendencia a sobreestimular a su bebé y en tranquilizar a los otros. Es cierto que el bebé tiene necesidad de ciertos estímulos para desarrollar correctamente sus capacidades, aprender a hablar o a apilar sus cubos. Pero todo bebé criado en una familia normal recibe estos estímulos. No hemos encontrado nunca evidencia de que ciertos juegos y actividades específicas aceleren de forma significativa las adquisiciones y coloquen al bebé en el buen camino para terminar el bachillerato con matrícula de honor.

Parece que tanto en el ámbito del despertar de los bebés como en otros, lo mejor es el enemigo de lo bueno. Intentar hacer a un niño más precoz y más dotado no es seguramente la misma cosa que intentar hacerlo feliz.

Los bebés son más precoces de lo que pensamos

El conocimiento de la relación causa-efecto, por ejemplo, es la base de toda acción voluntaria sobre su entorno y de toda función lógica. («Si yo hago esto, pasa lo otro»). Hace mucho tiempo se pensaba que no se podía intervenir antes de los cinco meses, cuando el bebé tuviera una fácil actuación sobre los objetos. Algunos investigadores establecen ahora un inicio bastante temprano. En efecto, antes de tener una actuación sobre los objetos, el bebé la tiene sobre las personas. Yo lloro… vienen. ¿No es esta ya una forma de conocer la relación causa-efecto?

En lo que se refiere a los objetos, hace bastante tiempo que sabemos que el bebé no solamente es capaz de discriminar sobre los objetos, esto es, de constatar las diferencias entre ellos, sino que también puede establecer categorías, esto es, identificar los aspectos comunes de elementos diferentes.

Hablar con el bebé: ¿moda o necesidad?

El desarrollo del lenguaje

El bebé es sensible, desde los días que siguen a su nacimiento, a las palabras que se pronuncian a su alrededor, demostrando una clara preferencia por la lengua materna. ¿Cómo se compagina esta sensibilidad lingüística y el desarrollo de la palabra? La imitación de los adultos es una condición necesaria en este aprendizaje; ningún niño puede aprender a hablar si no escucha hablar a su alrededor, pero parece que el mecanismo es más complejo que una simple imitación, ya que, mucho antes de hablar, los bebés, incluidos los sordos, producen sonidos espontáneamente. Estos, en casa de los niños oyentes, se asemejarán cada vez más a la lengua materna. La aptitud para pronunciar ciertos sonidos, si no es estimulada por la audición y el entrenamiento, desaparecerá.

Si los bebés aprenden tan fácil y perfectamente la lengua en que se les habla y esta tarea se le hace difícil, incluso imposible, al adulto normal, es porque el cerebro del niño está programado para este aprendizaje. Prácticamente todos los niños, cualquiera que sea su nivel intelectual, hablan corrientemente a los tres o cuatro años. A medida que los años pasan, se hace más difícil aprender una lengua.

El adulto enseña espontáneamente a hablar al bebé

En el mundo entero hemos encontrado el mismo fenómeno: el adulto que habla con el bebé modifica su manera de expresarse, le ayuda inconscientemente en su tarea. Habla con una voz más aguda y a menudo más alta, haciendo más fácil prestar la atención al lenguaje. Retoma los parloteos del bebé, al darles un sentido que no tenían forzosamente al empezar. Insiste sobre las separaciones entre las palabras a fin de que el bebé aprenda cómo se perfila su lengua. Articula bien y se cuida de hablar distintamente. Repite ciertas palabras, insiste sobre otras, juega con las entonaciones («¡Voy a darte un beso, un graaaaan beso!»).

Por último, y este es un punto muy importante, introduce al niño al diálogo. Las madres transmiten muy pronto al bebé la información necesaria: para hablar, coger su turno y dialogar. Espontáneamente, las madres, cuando hablan

Un diálogo íntimo

Del mismo modo que tu figura es, para tu bebé, lo más interesante a considerar, tu voz es lo que más le apasiona escuchar. Si te inclinas sobre él para hablarle dulcemente, ¡habrás conseguido las dos cosas a la vez! Ponte delante del bebé para hablar con él y verás cómo observa atentamente los movimientos de tus labios. Con la atención que él confiere a tu voz y a los movimientos de la boca, tu bebé demuestra su interés por el lenguaje.

Parlotear juntos

Ponte de cara al bebé y capta su mirada, con el fin de que comprenda que entras en relación con él. Imita los sonidos de tu bebé. Fíjate en lo que él emite y hazle eco, con alguna pequeña variación, un enriquecimiento, de vez en cuando. Entre los sonidos del bebé podrás encontrar hacia los seis meses sus sonidos preferentes: «ma-ma» y «pa-pa». Estos son los sonidos que el bebé ha escuchado numerosas veces de tu boca y de los que ha comprendido enseguida que tienen un valor innegable…

con su bebé, alternan los momentos en que hablan con los momentos en que callan, dejando al bebé un espacio de respuesta o de reacción.

La adquisición de las reglas gramaticales, no obstante muy complejas, sigue siendo un enigma.

Adquisiciones a velocidad récord

Hacia la edad de un año, el bebé comienza a establecer el vínculo entre las palabras y los objetos correspondientes. Hacia los dieciocho meses comienza a juntar dos palabras y adquiere nuevas palabras a la velocidad récord de una cada dos horas. A los dos años posee una reserva de mil a dos mil palabras de las cuales conoce el significado. Vienen enseguida las reglas de expresión y de gramática, así como la comprensión de una de las reglas esenciales del lenguaje: las palabras tienen un sentido radicalmente diferente según el orden en que se las coloque. «Toto se come el pescado» no tiene el mismo sentido que «el pescado se come a Toto».

Si las etapas en la adquisición del lenguaje son las mismas para todos los niños, no se manifiestan en todos a la misma edad; las diferencias pueden ser de un año o más entre dos niños. Pero no se ha evidenciado jamás que los niños que hablan tarde sean menos competentes que aquellos que hablan pronto.

Habla a tu recién nacido

A hablar se aprende bastante antes que a decir las primeras palabras y los rudimentos del lenguaje comienzan a elaborarse desde el nacimiento. Ahora bien, a hablar no se puede aprender si a uno no se le habla. A las seis semanas, el bebé empieza a responder a las sonrisas y a la palabra: sonreirá a su vez y se meneará para demostrar su placer. Hacia los dos meses emite sonidos de su invención, y hacia los tres meses responde a las palabras con parloteos.

Háblale siempre, durante el baño o cuando lo cambies, mientras come o cuando juega. Hazle preguntas. Señálale los objetos, nómbralos y explícale para qué sirven. Háblale de lo que has hecho y de lo que tienes en el corazón. Cántale canciones infantiles y léele poesías. Dile «buenos días» cuando lo reencuentres por la mañana o cuando entres en su habitación.

Aunque no comprenda todavía todo lo que le dices, el bebé cogerá el hábito de escucharte, y tú, el de hablarle. Sentirá que lo consideras como alguien de importancia, digno de que se dirijan a él, y no como un objeto que uno se contenta con manipular en silencio.

La imitación

Siéntate delante de tu bebé. Míralo a los ojos. Al sonreírle, emite un sonido muy simple y bien articulado, un «ah», un «oh», un «mmm», por ejemplo (siempre, uno solo cada vez). Empieza de nuevo la operación con un aire alentador, siempre con el mismo sonido y sonriendo, hasta que tu bebé haya emitido el mismo sonido que tú. Llegará a imitarte muy bien. Otras veces parecerá que no comprende en absoluto lo que tú quieres. Esto significa que no es el momento: tendrás que intentarlo más tarde.

El vocabulario

Incluso si tu bebé emite pocos sonidos, te escucha y enriquece su vocabulario para más tarde. Tiene sobre todo necesidad de escucharte y de aprender. Continúa, por tanto, hablándole con palabras sencillas de lo que es su vida y sus actividades de todos los días.

¿Por qué todos los niños no evolucionan al mismo ritmo?

Las madres hablan entre ellas y comparan a sus niños. «¿Cómo, Martín tiene quince meses y no camina todavía? ¡Valeria galopaba desde el año!». Inquietud por un lado, orgullo por el otro, ambos poco oportunos. Luego es la suegra quien deja caer que sus niños no necesitaban pañales a los dieciocho meses. En la guardería, en el parque, hay numerosas ocasiones para ver por dónde van los otros niños.

El niño «normal»

No se debe confundir al niño «término medio» (aquel de quien se habla en los libros) con el niño normal (esto es, el niño real). Si un año es la edad media para caminar (decimos entonces que el niño medio camina al año), es también normal si camina a los nueve meses o a los dieciséis. La edad media de una adquisición se calcula como una media: lo que significa que la mitad de los niños «normales» adquieren esta competencia más pronto, y la otra mitad, más tarde.

Se puede decir además que el niño «medio» no existe. Es solo una forma de hablar práctica cuando se va a generalizar. Pero, a decir verdad, lo que cuenta realmente es cada niño considerado individualmente. Los niños normales son los niños de todos los días, en su diversidad y en su riqueza.

¿Qué hay que pensar de las diferencias con que uno se encuentra?

Las causas de estas diferencias son numerosas, hasta tal punto que sería sorprendente la uniformidad del desarrollo.

- Todos tenemos genes diferentes. Hasta en el seno de la familia, no todos los niños son idénticos. Si nos parece normal que uno sea más pequeño o más moreno, ¿por qué no que camine más tarde? Es más, todas las familias tienen su cultura y favorecen más o menos ciertas adquisiciones: los niños «de intelectuales» tendrán tendencia a hablar más pronto, porque las palabras son muy valoradas en su entorno. Si papá es pintor o si mamá es informática, es probable que en este campo el niño se distancie de sus compañeros.
- Toda nueva adquisición requiere del niño una inversión importante. Si está ocupado en aprender a tenerse derecho, no lo está para comer apropiadamente. Todos aprenderán de todo, pero, con seguridad, no en el mismo orden.
- De un aprendizaje no se ve más que el resultado final. Ahora bien, este a veces requiere meses de «preparación»: se hace poco a poco. Seamos respetuosos de este trabajo subterráneo y demos confianza a nuestros niños. Algunos manifiestan muy pronto que comienzan a saber, mientras que otros esperan a estar listos antes de compartir sus proezas.
- Los pequeños aprenden en todos los campos al mismo tiempo: intelectual, motor, psicológico, de relaciones, etc. ¡No pueden ser también «sobresalientes» en todas partes y a toda velocidad! Todos progresan a su manera: hay que

darles su tiempo. Cada adquisición tiene necesidad de ser sólidamente anclada antes de que la siguiente se instale. Como en toda construcción, ¡los cimientos tienen una importancia determinante en la continuación de la obra!

Los pequeños retrasos o los avances no predicen nada en cuanto al porvenir

No porque María haya caminado a los diez meses será una buena corredora, ni porque Luis haya rehecho el puzzle a los dieciocho meses llegará a ser un gran arquitecto. Los pequeños avances no son una predicción de genialidad, ni los pequeños retrasos lo son de cualquier anomalía. A título de información, recordemos que Einstein no habló hasta los cuatro años. En general, hacia los cinco o seis años, todos los niños corren, cuentan historias, han abandonado el pañal y pintan monigotes... Todos han recuperado el tiempo.

Entonces, ¿por qué inquietarse tanto?

Evolucionamos en una sociedad muy competitiva. Cada uno de nosotros sabe muy bien que hay que ser eficaces, competentes, rápidos, so pena de encontrarse solo al borde del camino. De un niño precoz se dice que va un paso por delante: es un buen signo. Se olvida que el respeto del ritmo del niño es la mejor apuesta por su equilibrio y su éxito ulterior. Corresponde a cada uno de nosotros, allí donde esté, resistir y proteger a los pequeños de esta presión, fuente de angustia y de sentimiento de fracaso. ¡Ya tendrán tiempo de entrar en competición! Por el momento, ellos son únicos.

¿Cuál es la actitud correcta?

Los niños son de tal forma diferentes, que comparar es forzosamente equivocarse. Se compara según un solo criterio, cuando la única comparación valiosa, pero imposible, es aquella que tiene en cuenta todo a la vez. Todos los niños son diferentes y las grandes variaciones que uno observa entre ellos son normales. ¿Tienes alguna duda? Habla con tu médico. Casi siempre os aconsejará tener paciencia. Vuestro niño irá hacia su siguiente adquisición a su propio ritmo, cuando se haya «decidido». Toda insistencia tiene el riesgo de bloquearlo inútilmente. El crecimiento de los niños es progresivo.

Cada etapa tiene sus alegrías y sus sinsabores. Aprovecha bien la que está pasando ahora, porque no se volverá a repetir.

Adelanto o retraso... ¿según qué criterio?

Se juzga siempre los avances de un niño con los mismos criterios «visibles»: camina, no lleva pañales, pronuncia sus primeras palabras, etc. En realidad, estos comportamientos no son más que la consecuencia de progresos interiores más fundamentados pero también más discretos. No llevar pañales, por ejemplo, significa tener una cierta madurez de esfínteres, comprender lo que los adultos esperan, tener conciencia de los procesos internos de su propio cuerpo, etc., capacidades que no se ven directamente.

Añadamos algunas adquisiciones muy importantes de las que se habla poco. Por ejemplo, la capacidad de establecer vínculos con los forasteros, de jugar un momento solo o de soportar algunas frustraciones. Son tan importantes como caminar, pero, sin razón, claramente minusvaloradas.

Cómo desarrollar su sentido del tacto

El tacto, un sentido esencial

El sentido del tacto es capital para el bebé. Desde que viene al mundo, el bebé se posa sobre el vientre de su madre, que pone sus manos sobre él. Sobre la piel, siente la caricia del aire. Luego, lo meten en el baño e inmediatamente lo secan y lo visten. En todos los casos, es con la piel con lo que el bebé toma sus primeros contactos con el mundo que, en lo sucesivo, será el suyo. La piel es el órgano de los sentidos más desarrollado, el más rico, el que transmite el mayor número de informaciones al sistema nervioso central. Se puede decir sin exagerar que cada excitación táctil enriquece el cerebro. La inteligencia comienza por el cuerpo. La piel del bebé es extremadamente sensible. Experimenta con intensidad todo aquello que lo toca o lo roza ligeramente. Su primera necesidad, justo después de la de comer, es la de ser mimado y cogido en brazos de forma segura. El contacto físico es esencial para el bebé. Cogerlo y estrecharlo contra uno es ya calmarlo.

Veremos, al cabo de los meses, la mejor forma posible de estimular el sentido del tacto del bebé.

Texturas diferentes

Selecciona trozos de tejidos de texturas diferentes (terciopelo, satén, algodón, nailon, encaje, piel sintética, seda, escay, punto, etc.). Puedes preparar unos pequeños rectángulos con dobladillo que el bebé manipulará fácilmente por turno, o empalmar los trozos en una especie de manta de retazos. Estos retazos pueden coserse al dorso de una manta vieja, o bien fijarlos sobre una plancha fina de contrachapado.

Los juegos de descubrimiento táctil son variados. Puedes instalar al bebé sobre tus rodillas, abrirle las manos y acariciarle las palmas con los pedazos de tejido de texturas diferentes, comentando las impresiones de suavidad o de rugosidad. El bebé coge la tela y se la lleva a la boca.

Para el bebé pequeño, no presentes más de dos tejidos a la vez, muy diferentes, a fin de ayudarle a desarrollar sus capacidades de comparación. En cada juego variaremos los tejidos y las partes del cuerpo acariciadas.

Desde pequeño, cámbiale de postura

Se recomienda hacer dormir al bebé de espaldas o de costado por razones de seguridad. Pero cuando esté despierto y no sepa todavía moverse, es importante que experimente diferentes posturas: tumbado de diferentes maneras, instalado en su hamaquita o en la mochila. Hay también muchas maneras de tener a un bebé en brazos. Las mejores, por ser las más confortables y seguras, son aquellas en las que el adulto sostiene a la vez el final de la columna vertebral y la cabeza.

Estrecha al niño contra ti

Mímalo y mécelo dulcemente al tenerlo en brazos. Ha estado habituado durante nueve meses a estar mecido por tus movimientos: le gustará que esto continúe. Por eso le gusta tanto que lo coloques en la mochila. Se siente más cerca de tu olor, del ruido de tu corazón. ¿Por qué limitar esos momentos a los paseos exteriores? Al bebé le encanta también muchísimo estar desnudo contra ti, piel contra piel.

Toca al niño y déjate tocar por él: estos momentos ayudan a crear vínculos muy profundos, base de un afecto duradero. Ayudan al niño a tomar conciencia de los límites de su propio cuerpo.

Sentir con todo el cuerpo

Los niños pequeños pasan mucho tiempo en su cuna. Es importante que esta sea confortable, blanda, y que sus pijamas sean los más suaves que puedas encontrar. Algunos recomiendan acurrucar de vez en cuando a los pequeños en una piel de borrego especialmente tratada, suave y mullida.

Ponlo sobre el suelo para jugar; el bebé agradecerá sentir una superficie a la vez firme y suave, como una buena alfombra recubierta de una manta lavable o una alfombra de jugar. Procura hacerle experimentar con superficies diferentes: moqueta, enlosado, hierba, arena, etc.

Cuando el tiempo lo permita, deja al bebé totalmente desnudo, para que sienta bien el soplo del aire sobre su piel (atención: algunos pequeños detestan esto; si es el caso del tuyo, no insistas).

Los masajes

Puedes aprovechar el momento del baño o del cambio para masajear delicadamente al bebé por todo el cuerpo, principalmente los pies, las piernas, la espalda y el vientre. El masaje se efectúa en una postura confortable, con la palma abierta, con un aceite de almendras dulces, por ejemplo. Se acompaña de pequeñas palabras suaves o de una nana serena. La técnica no es necesaria: intuición y dulzura son suficientes. El masaje sensitivo obedece a algunas reglas muy simples:

- Los movimientos del masaje que ejercitan una cierta presión sobre la piel, aunque ligera, deben hacerse en el sentido de la circulación sanguínea de retorno. Esto es, en dirección al corazón. Por ejemplo, masajeamos una pierna avanzando desde el tobillo al muslo. El camino de retorno hacia el tobillo se hace con gran ligereza, como un rozamiento.
- No se rompe jamás el contacto corporal entre el masajista y el masajeado. Si tu bebé está tumbado sobre ti, esto es evidente. Si está tumbado frente a ti, se supone que tu piel toca la suya durante toda la duración del masaje. No se levanta una mano hasta que se posa la otra. Terminado el masaje, se separa la mano con suavidad.
- No se masajea a un bebé si no se obtiene un placer igual al suyo. Así se establece una comunicación maravillosa, en la que cada uno obtiene un gran beneficio.

«Leer» el periódico

Tumba a tu bebe boca abajo sobre un periódico, diario o revista. Te sorprenderá el placer con que lo coge y el entusiasmo que pone en desgarrarlo y arrancar las páginas. Cuidado con la tinta fresca del periódico del día. Cuando sea más grande, confíale un viejo catálogo de ventas por correo. ¡Verás cómo disfruta desgarrándolo!

Se pasea descalzo

No vaciles en dejar a tu niño pasearse con los pies descalzos, por supuesto por dentro de la casa, pero también por fuera cada vez que sea posible. Caminar sobre toda clase de superficies diferentes no solamente no dificulta la movilidad, sino que, por el contrario, favorece el desarrollo del equilibrio y la formación del arco del pie.

El bebé se disgusta y grita cuando tú te alejas

Los seis o siete primeros meses del bebé están marcados por su sonrisa. Reconoce a sus padres, los prefiere a cualquier otro adulto, pero no manifiesta inquietud particular cuando se marchan. Cualquier persona simpática tiene derecho a sus risas y a sus gracias. Hacia los ocho meses, cambio de decorado. El bebé chilla ante la cercanía de extraños que no reconoce como sus allegados y no encuentra sosiego hasta que se esconde en las faldas de mamá o detrás de los pantalones de papá.

Una etapa necesaria

Cada separación provocará en lo sucesivo protestas más o menos vehementes y siempre dolorosas. Quienquiera que haya experimentado haber sido arrancada por la fuerza de unos pequeños brazos rollizos enganchados alrededor de su cuello para poder irse, triste y culpable, lejos de su bebé, sabe de lo que hablo.

Esta etapa es necesaria. Es vivida con más o menos intensidad según los niños. La inquietud normal que el niño de esta edad comienza a sentir dura algunos meses, después disminuye progresivamente. Según vaya aprendiendo a comunicarse, a hablar, cuando vaya adquiriendo confianza en sí mismo, el niño irá sabiendo enfrentarse a lo desconocido.

Pero, entretanto, ¿qué hacer?

¿Cómo reaccionar ante un niño que se aferra a su madre como una lapa a su roca y comienza a llorar cada vez que ella desaparece de su ángulo de visión?

Fomenta desde muy pronto el sentido de independencia

Esto se puede hacer desde el nacimiento. Prepárale al bebé un rincón para él solo, donde pueda soñar, jugar y evolucionar en total libertad. Más adelante, déjalo solo de vez en cuando, acompañándole con la voz. Cuando tu bebé se desplace, déjalo evolucionar por la casa y alejarse de ti sin un control directo (pero échale una mirada de todas formas).

La angustia del octavo mes

Es el nombre que se le da a esta fase del desarrollo del niño. Esta angustia es más o menos acentuada según los niños. Alrededor de los ocho meses, el bebé comprende que su mamá, aunque se vaya, continúa existiendo en cualquier parte, pero lejos de él. Lo que antes aceptaba tan mal era que no estaba seguro de que ella volvería. Igualmente, cuando tiene miedo, establece mejor la diferencia entre los que él conoce, los familiares, y los que no conoce. El miedo al forastero sobreviene al mismo tiempo que el miedo a separarse de mamá, y, sin embargo, ahora, normalmente, solo tiene miedo al extraño.

Recordemos la importancia de acostumbrar al niño a ver a gentes diferentes: amigos, familia, niños de su edad y de otras edades. Confíale alguna vez a otra persona por un día o por una noche.

Por último, a los mayores recompénsales todo signo de independencia. ¿Quiere vestirse solo? Muy bien. ¿Baja solo las escaleras? ¡Bravo! Vigila, pero sin intervenir, a no ser que pida ayuda.

Juega al escondite

Desde los cinco meses, el bebé adora este juego que consiste en taparse los ojos con las manos y descubrirlos después lanzando un «¡cu-cu!». A continuación hay que esconderse detrás de una cortina o de una puerta. Cuando el niño se desplace solo, jugaréis al verdadero escondite, deslizándoos detrás de un sillón fácil de descubrir.

Acostumbra al bebé a ver mundo

Si vuestra casa es a menudo un hervidero de risas, encuentros, amigos, primos pequeños, tu bebé tendrá menos miedo de los extraños. Cogerá pronto el hábito de pasar de mano en mano y de jugar con todos. Pero no por ello cesará de gritar cuando se acerque el cartero o el agente de policía.

Acostumbra al bebé a la separación

Todos los niños necesitan tener contactos con otros adultos y con otros niños. Confiarlo algunas horas a una canguro de confianza, un día a una vecina o algunos días a una abuela condescendiente serán experiencias enriquecedoras que le enseñarán a separarse de ti sin angustia.

Prepara al niño para los cambios

Si tienes que dejarlo en algún lugar o con alguien a quien él no conoce todavía, explícale la situación y dale un tiempo suficiente de adaptación antes de marcharte.

No permitas tampoco que una persona desconocida para el niño se le acerque o lo coja en brazos sin haber sido anteriormente aceptada por él.

Ten cuidado con tus propias emociones

El pequeño es muy hábil para percibir aquello que siente su madre y para reaccionar. ¿Estás triste de tener que dejarlo? Él lo siente. Si sus llantos te culpabilizan, esto no hace más que reforzar su incomodidad. El niño no debe sentir que puede influir en ti. Por tanto, mantén un tono calmado, tranquilo, para decirle que lo quieres, que se va a divertir y que volverás muy pronto.

El nacimiento de la timidez

No forcéis jamás a vuestro niño a acercarse a una persona desconocida, o a cualquiera que lo asuste, mientras no hayan tenido el tiempo de conocerse por un largo tiempo y de apreciarse mutuamente. La mano dura no es nunca buena en este tipo de situaciones.

El temor al extraño, si no desaparece cuando el niño crece, evoluciona hacia comportamientos de timidez. Apremiar al niño frente a un extraño o reírse de él a causa de su timidez o su falta de coraje no hace más que aumentar el problema. Pero el incitarlo cariñosamente y animarlo lo ayudarán a menudo a remontar la dificultad.

Enséñale a decirte adiós

Tu partida será más fácil si escoges, para marcharte, un momento en que tu niño esté inmerso en una actividad interesante. Irse sin decirle adiós podría desencadenar una angustia de separación más grande aún. Pero no alargues tampoco inútilmente los adioses. Un pequeño mimo, un gran beso y te vas.

Para que los reencuentros de la tarde vayan bien

Reencuentros a veces difíciles

Tu pequeño Juan ha estado lejos de ti desde por la mañana. Pasa las mañanas en la guardería, mientras las tuyas se desarrollan en el trabajo. Al final de la tarde te precipitas al autobús o te cuelas en los embotellamientos, todo por la alegría de reencontrarlo. Él, por su parte, te espera hace ya un rato. Ha tomado nota de que has llegado después de la mamá de Sebastián, pero justo antes que el padre de Virginia.

Por tanto, tu llegada provoca reacciones inesperadas y a veces desagradables. No solamente Juan no se precipita entre tus brazos, sino que además finge indiferencia, con un aire que dice: «Ah, vaya, ¿estás ahí? Espera dos minutos y estaré contigo». Hace seis meses, cuando llegabas, corría al otro extremo de la habitación a esconderse. Si hacías como si lo atraparas, él gritaba. El año pasado lloraba cuando dejabais juntos la guardería... Decididamente, estos reencuentros son muy difíciles. Y muy frustrantes para las mamás, cansadas de la jornada de trabajo y ansiosas de recuperar a su pequeña familia. ¿Por qué estas reacciones de los pequeños? ¿Debemos inquietarnos? ¿Qué hacer?

El tiempo no es lo mismo para cada uno

Los días para un bebé (de menos de diez o doce meses) son muy largos. Cuando lo recoges al final del día, a él le parece que has estado ausente desde hace ya mucho tiempo.

Si deseas que te sonría y te tienda los brazos, tómate el tiempo necesario. Siéntate delante de él y háblale suavemente llamándole por su nombre. «Buenas tardes, Lisa, soy mamá. ¿Has pasado un buen día? Vengo a buscarte para volver a casa...». Tu bebé irá reconociendo tu voz, la relacionará con tu cara, luego mostrará su alegría. Entonces podrás tomarlo en brazos sin riesgo de una desagradable sorpresa.

El momento de cansancio

Entre los doce y los quince meses, el niño entra en una fase que podemos llamar hiperactiva. Se prodiga sin medi-

Los comportamientos que hay que evitar

- Coger al bebé por la espalda, sin que él te vea.
- Demostrar la prisa que tienes.
- Dejar que la situación dure más de diez minutos.
- Dejarla degenerar. Gritos, azotes.
- Canjear los favores del niño por un pan con chocolate o por bombones.

Desde que llegas...

En la guardería o con la cuidadora, el bebé, que hasta entonces era tan encantador (sí, sí, te lo prometo):

- Corre al otro extremo de la habitación.
- Se sube al sofá o rueda debajo de la mesa.
- Rehúsa ponerse los zapatos.
- Grita si haces el ademán de querer llevártelo.

¡Pero, claro que sí, todo esto es normal!

da y no siempre se toma el tiempo suficiente para dormir o por lo menos descansar. ¡Tiene tantas cosas por descubrir! Tanto es así que al final del día está agotado. Es la hora en que tú llegas. Tranquilizado por tu presencia, se siente de pronto inundado por todas las tensiones acumuladas. Contigo, sabe que puede dejarse ir: está en buenas manos. Ahora es cuando va a llorar, por nada. Llorará de cansancio y de nerviosismo. Es el regalo que te hace: en ti tiene confianza. ¿Te pones nerviosa, muestras tu decepción? Él llora cada vez más. Solo quiere tus brazos. Se va a caer de sueño enseguida, la nariz en el plato de la sopa. ¿Qué hacer? No mucho. Comprender, tranquilizar, darle un pequeño baño caliente, tener paciencia. En unos pocos meses, el niño será más fuerte, hará siestas más largas y soportará mejor el final del día.

Da guerra

Hacia el año y medio o los dos años cambia el escenario. Podríamos titularlo, en su versión suave: «Tú me has hecho esperar, ahora te toca a ti», y en su versión dura: «Tú me has dejado todo el día, ¡ahora yo me vengo!». El niño de esta edad sabe muy bien que lo has dejado para ir a hacer tu vida en otra parte, con otras personas. Ve que ciertos niños se marchan antes. Por una vez, te necesita, tanto si está contento en la guardería como si adora a su cuidadora. Mientras no estas ahí, se mantiene al acecho, con ansiedad, pero desde el instante en que te ve llegar, marca las distancias. Algunos días va a continuar su juego incluso sin demostrar que te ha visto. Otros días se escapará y se resistirá como si no quisiera volver contigo.

¿Qué hacer?

- Piensa que el niño no tiene el mismo ritmo que tú y que las transiciones son siempre momentos delicados para él.
- Date un tiempo para decirle «buenas tardes» y cambiar impresiones sobre lo que está haciendo. Muéstrale que respetas sus actividades. Como todo el mundo, detesta que lo interrumpan.
- Habla algunos minutos con la persona que lo cuida.
- Él vendrá cuando lo decida. Entonces parlotea, dile lo contenta que estás de volver a verlo, háblale de la cena, de lo que haréis juntos, y llévalo suavemente hacia la salida.
- ¿La situación degenera en una gran escena? Coge a tu niño bajo el brazo y márchate. Llega un momento en que hay que decir «basta».

El regreso de las vacaciones

Volver a la guardería, con la cuidadora o al colegio, después de un período de pequeñas o de grandes vacaciones, puede ser un momento difícil. Mientras más largas sean las vacaciones, más tiempo necesitará para readaptarse. Por la mañana, cuando lo dejes, tu niño se dará cuenta de que de nuevo estará separado de ti todos los días, al contrario de lo que ocurre en las vacaciones. Va a sentirse a menudo un poco perturbado por este cambio de hábitos y de ritmos, lo que da por resultado un cansancio desacostumbrado y unos reencuentros por la tarde que corren el peligro de ser un tanto difíciles.

Pero no temas: tu niño asimilará muy pronto el cambio y recuperará sus pequeños hábitos.

Chilla al llegar al pediatra

Un bebé, hacia la edad de uno a dos años, ya ha tenido a menudo algo que ver con el pediatra o el médico de familia (algunos puede que quizá incluso hayan sido hospitalizados). El bebé sabe bien que el médico lo va a molestar; le meterá objetos raros en la garganta, las orejas o la nariz; lo desnudará, etc. Como ya le han puesto las vacunas, sabe también que el médico puede pincharlo. Lo que no sabe todavía, en cambio, es que todas esas «perrerías» que le han hecho son por su bien, para mejorar su salud.

Una acumulación de malos recuerdos...

Si bien el bebé, hace algunos meses, venía al pediatra gorjeando, ahora se pone a chillar desde que llega a la sala de espera. Aunque haya llegado tranquilo, los gritos de los otros niños que vienen del interior de la consulta acaban con su confianza. Otros niños pequeños se ponen simplemente tensos y no protestan violentamente en el momento en que el médico intenta tocarlos.

No solamente el niño de esta edad tiene temor al extraño, en este caso el médico, sino que además va asociado a muy malos recuerdos. Es bastante comprensible que este temor se manifieste también a esta edad.

¿Qué hacer?

Tranquilizar al niño verbalmente y animarlo suele ser lo menos eficaz. Este temor al médico subsiste generalmente hasta los tres años. Puede que persista bajo otra forma (miedo de pinchazos, temor de la sangre). A esta edad, personalmente no conozco más que tres recetas:

- La primera consiste en pedir al médico que examine al niño sobre tus rodillas. Permanecerás sentada en el sillón de la consulta, estrechando al niño contra ti. Lo desnudarás parcialmente. El médico será quien se acerque al niño, y no al contrario. Si tu bebé debe ser pesado y medido, te quedarás a su lado, sosteniéndole la mano.
- La segunda consiste en jugar con su curiosidad. Todos los niños son naturalmente curiosos. Sus ganas de conocer, de experimentar y de saber cómo marchan las cosas pue-

Prepara tu lista de preguntas

En casa tenemos siempre montones de preguntas en la cabeza. Luego, en la consulta, entre el bebé que grita y el médico que se concentra o que está nervioso ya que va con retraso en sus citas, olvidamos la mitad de lo que queríamos preguntar. La mejor solución consiste en anotar esas preguntas a medida que vienen a la mente y repasar la lista antes de salir del médico.

Cambia de médico

Si las consultas van muy mal, cambia de médico. Tu niño ha relacionado definitivamente a este con quien le hace daño, y la tranquilidad, en este caso, es difícilmente recuperable. De hecho, no todos los pediatras tienen el mismo tacto para hacerse aceptar por los niños.

den mitigar su aprensión. Por lo menos, le puedes permitir tocar el estetoscopio y manosear el depresor que le meten en la boca.

- Finalmente, es necesario prevenirlo de lo que va a pasar y poner en palabras lo que él ve. Aunque el bebé no comprenda exactamente el sentido exacto de todo lo que le digas, estará totalmente consciente, por el sonido de tu voz, de que intentas tranquilizarlo.

He aquí algunas ideas que te ayudarán

- Escoge un buen médico que tenga juguetes en la sala de espera, donde el ambiente sea tranquilo y que cumpla el horario de sus citas. Nada peor que pasar una hora en una sala de espera con el niño enfermo sobre las rodillas, su temor en progresivo aumento y los gritos de los otros niños.
- Explícale al niño lo que el médico va a hacer y por qué lo va a hacer. Simula el reconocimiento médico sobre un osito de peluche: en la garganta, las orejas, la auscultación, el peso, etc. Llévate el peluche a la consulta.
- ¡No olvides sobre todo su juguete preferido! Es el elemento esencial que dará seguridad al niño antes de la consulta y lo consolará después.
- Cuando tenga edad suficiente, ofrécele al niño un pequeño equipo de médico y déjalo jugar con los instrumentos. Cuando el niño sea capaz de «identificar» al médico haciendo con su muñeca o su oso lo que el médico hace con él, será como si retomara las iniciativas. Dejará de ser la víctima de unas manipulaciones que no comprende y que le hacen daño. Volverá a ser el actor de su vida y se angustiará menos.
- Trata de mantener a tu niño ocupado, distraído o tranquilo en la sala de espera.
- Dale un pequeño biberón de zumo de frutas después de la consulta para consolarlo. Comer una o dos galletitas levanta muchas veces la moral.
- No hables delante del niño de tus propios temores sobre la enfermedad, el médico o el dentista. No lo amenaces con la enfermedad con frases del tipo: «Si sales sin abrigo, te pondrás enfermo», o «Si devoras así, tendrás que ir al médico».
- Hazte explicar en detalle lo que tiene tu niño, cuál es su enfermedad o cómo se supone que actuará el tratamiento. Podrás así explicárselo a tu vez al niño, con palabras simples y claras.

El pediatra ideal

- Su sala de espera está bien equipada para recibir a los padres y a los pequeños (juguetes, libros, iluminación, orinal en los aseos, etc.).
- Concierta la cita rápidamente.
- Coge el teléfono sin hacerte notar que molestas inútilmente.
- De una visita a la otra, se acuerda de ti, del nombre del niño y de su historia.
- No está sistemáticamente ausente los sábados, las tardes después de las siete y todas las vacaciones escolares.
- Sabe consultar a otro especialista en caso de duda.
- En caso de hospitalización, va a ver a tu niño y está en contacto con el equipo que lo asiste.
- Sabe escucharte, explicarte y tranquilizarte.

Cómo hacerle tomar sus medicamentos

Una prueba pesada pero indispensable

Tomar los medicamentos –gotas, jarabe, supositorios o inyecciones– no es precisamente una experiencia agradable, pero suele ser indispensable. Esto es lo que conviene hacer comprender al niño para evitar las trifulcas, la exasperación, la boca y la mandíbula cerradas, los vómitos, las rabietas o los chillidos. Hasta la edad de seis o siete años, al niño le cuesta trabajo entender que estas cesiones sean «por su bien». Él no ve más que lo inmediato, ese jarabe infame que tendrá que tomar y esas gotas por la nariz que le quemarán la garganta. Ve su cuerpo como un recinto bien protegido, en el cual no puede permitir ninguna intrusión que él mismo no haya escogido. Estas crisis, que se repiten en el momento de la toma de los medicamentos, son algunas veces tan terribles que crean un verdadero traumatismo tanto a los padres como al niño. Veamos cómo se pueden evitar.

Convierte al niño en un aliado

Será siempre más fácil inducir al niño a cuidarse correctamente si comprende la naturaleza de su enfermedad y del tratamiento que ha de seguir. Algunas veces, con humor y explicaciones simples sobre «los malvados virus que atacan al cuerpo», «nuestras defensas eficaces pero a veces de vacaciones» y «los buenos medicamentos que están listos para venir en nuestra ayuda con el fin de perseguir al enemigo infiltrado en nuestras filas», se puede obtener una verdadera cooperación del niño. Él mismo señala en el calendario los días de tratamiento que le quedan y se va solo a buscar su bote de medicinas. Lo felicitarás regularmente por su buena curación a fin de que comprenda que él es responsable de su propia salud, y le prometerás un pequeño regalo para ¡el día en que haya conseguido completamente la victoria!

«Es por tu bien»

Todo el secreto está en la actitud mental de los padres. El adulto debe comportarse en todo momento normalmente, como si no pudiera siquiera imaginar un rechazo del niño, y presentar la toma de los medicamentos como una molestia cotidiana, tan natural como lavarse los dientes. El niño sabrá así desde el principio que toda resistencia será inútil. No hay negociación posible. Su elección se limita a la forma de tomarlas. Muchos preferirán entonces la manera tranquila, y es ahí donde conviene felicitarlos.

¿Cómo se toman?

Con un niño pequeño, lo más simple consiste en sentarlo a la mesa en su silla alta, charlar con él y presentarle la medicina en una cuchara normal, sin interrumpirse, como si lo hicieras saborear una preparación culinaria. Manifestamos así con completa naturalidad que este tratamiento forma parte de la vida y del respeto que se tiene al propio cuerpo.

Los niños son curiosos por naturaleza. Apreciarán que les expliques brevemente lo que les pasa.

La actitud peor, porque suscita como reacción el rechazo del niño, es la que consiste en excusarse por obligarle a hacer cosas tan terribles y darle explicaciones embrolladas, como si se contara con su oposición.

Olvida también las técnicas consistentes en apretarle la nariz para hacerle abrir la boca, lo que podría provocar una falsa ruta alimentaria, así como las amenazas y las represalias.

Algunos consejos prácticos muy simples que pueden ayudar mucho

- Una bebida helada tiene menos sabor: puedes guardar el jarabe en el refrigerador o bien proponer al niño chupar brevemente un pedazo de hielo antes de tragar.
- Si tienes que mezclar un jarabe o unas gotas con una bebida para disimular el sabor, escoge un zumo de frutas más bien fuerte, por ejemplo, de uva.
- Un comprimido deshecho entre dos cucharillas no es necesariamente peor de tragar o más difícil de hacérselo tomar que un jarabe. También podemos depositar el polvo de los medicamentos entre dos capas de mermelada o de jarabe de fresas, según los gustos del niño.
- El supositorio no es obligatorio, a no ser que el niño vomite mucho. Algunos niños le son totalmente refractarios. Pero esto no nos debe preocupar, porque casi todos los medicamentos los elaboran de diversas formas. Como el termómetro, el supositorio se deslizará mejor si su punta se unta de vaselina.
- Una jeringuilla sin aguja permite poner directamente el líquido en la boca del niño, sobre la lengua. Si está tumbado, no podrá escupirlo. Para los muy pequeños, se podrá también poner el jarabe en un biberón cuya tetina se acercará por debajo de la boca del niño.
- Las gotas tibias son menos desagradables para los oídos. Atención: si recalientas el frasco en el horno o en el microondas, este puede ponerse enseguida candente. Mejor ponerlo sobre el radiador.
- Todos los medicamentos, como las gotas para la nariz o los oídos, son más fáciles de aceptar si se está concentrado delante de un dibujo animado.
- Enseña a tu niño, en cuanto sea posible, a ingerir los comprimidos con un vaso de agua. La técnica consiste en hacerle sacar la lengua y colocar el comprimido sobre ella lo más atrás posible. Luego, házselo ingerir con un poco de agua, deglutiendo. Enséñale el movimiento, luego hazle ensayar con un guisante. El día que lo consiga, ya no tendrás problemas con los comprimidos.

Tener un niño con buena salud

La salud no es más que una cuestión de suerte. Mientras seáis padres, podéis tener cualquier cosa. El estado de espíritu con el cual uno aborda estos asuntos es determinante. Se trata de vivir con la perspectiva de la salud y no de la enfermedad. He aquí algunos ejemplos:

- En lugar de decir al niño: «Ponte el gorro; si no, te vas a resfriar», diremos: «Estás muy fuerte para resfriarte, pero ponte el gorro, te sienta muy bien».
- No precipitarse a los medicamentos a la menor señal de alerta.
- No te pases el tiempo quejándote de tu propia salud.

La hora de acostarse: dormirse en calma

¿Qué padres no han tenido alguna vez problemas para acostar a sus niños? Las dificultades para meter en la cama a sus pequeños y convencerlos de quedarse ahí están entre las más frecuentes… y las más penosas para los padres cansados que soñaban con una noche tranquila. Hay algo cierto: el niño necesita dormir, pero ¿cómo convencerlo cuando a las once de la noche ha llamado ya cien veces por un último vaso de agua o un último mimo?

¿Por qué el niño no quiere acostarse?

La cama es el último lugar adonde quiere ir: para el niño, eso significa separarse de sus padres y de sus juguetes, interrumpir sus trabajos y exploraciones durante una docena de horas, encontrarse solo en la oscuridad, enfrentarse a los demonios de la noche… Se comprende su falta de entusiasmo. Se sentiría mucho mejor en el sofá del salón, tiernamente aprisionado entre papá y mamá, o, ya en el límite, en la cama de sus padres…

Solo la confianza en sí mismo y en sus padres le permitirá hacerse autónomo. Por una parte, se necesita que estos últimos tengan un frente unido, convencido y firme; por otra, que el niño haya recibido el tiempo de atención afectuosa de la cual tiene necesidad antes de separarse. Es el papel del ritual.

Una cosa ha de admitirse de inmediato: no se puede hacer dormir a un niño a la fuerza

Además, la meta a fijarse no es dormir al niño, sino conseguir que descanse tranquilo en su cama o en su habitación a partir de cierta hora, lo cual es mucho más fácil. El niño, en calma, se dormirá solo cuando le venga el sueño.

Un ritual importante

El éxito de meterlos en la cama depende mucho de la hora anterior. Establece, de una vez por todas, una hora razonable para acostarse, que tenga en cuenta el tiempo de la siesta del niño, su hora de levantarse, el tiempo que pasa en familia, etc. (una vez instalado el hábito, será posible hacer excepciones algunas veces). Una hora antes, anuncia: «En media hora, nos vamos a la cama». Más tarde: «En diez minutos» (si es necesario, pon en marcha el minutero). Y por último: «Vamos, son las ocho: pipí, los dientes y a la cama». Los niños, que detestan los momentos de transición, apreciarán el hecho de estar prevenidos.

Una media hora antes de acostarse, pon en marcha el ritual, inmutable en su desarrollo (un encadenado previsible y, por tanto, tranquilizador es una de las claves del éxito). Según las familias, la secuencia de los acontecimientos cambia poco. Pueden sucederse el lavado de los dientes, el paso al lavabo, el cambio de impresiones sobre los acontecimientos del día, la lectura de cuentos, el acostar a los peluches, los mimos a papá y mamá, la instalación del vaso de agua, la búsqueda de su juguete preferido, etcétera.

Saber separarse

Llega el momento de dejar al niño con un último beso y con una frase, dicha con voz tranquila y apacible, como «Felices sueños, hasta mañana por la mañana». Y no vuelvas más, salvo en caso de real urgencia.

Si lo ves agotado y a punto de dormirse, apaga la luz. Algunos niños necesitan una lamparita de noche o reclaman que la puerta se quede entreabierta. ¿Por qué no? Incluso si el niño dice que no está cansado, podrás dejarle totalmente a su disposición la luz de cabecera y darle un pequeño libro para hojear solo o bien dejarle escuchar una cinta. Al comentario «No tengo sueño» responderás simplemente: «Muy bien, te dormirás luego, solo te pido que te quedes tranquilo en la cama (o en la habitación). Ya no es la hora de los niños, es la hora de papá y mamá. Si eres bueno, vendré a darte un beso en diez minutos».

Y si aun así protesta...

- Explícale las razones: «Todo el mundo debe dormir para sentirse en forma y feliz al día siguiente. A esta hora, yo también estoy cansada y quisiera disponer de un poco de tiempo sola con papá».
- Si uno de los dos debe volver a la habitación, el padre es a menudo más eficaz. Puede decir, por ejemplo: «Aquí tienes tu vaso de agua. Es la última vez que vengo. Será inútil que vuelvas a llamar: tu madre no vendrá; está descansando, la verás mañana».
- Cuando hayas dicho que era la última vez, no vuelvas más. De lo contrario, no habrá jamás una última vez.
- Resístete al deseo de acostarte al lado de tu niño hasta que se duerma. Lo privas así de la ocasión de aprender a ser autónomo y, paradójicamente, corres el riesgo de agravar sus dificultades para dormir. No puedes convertirte en su juguete preferido.
- Anticipa sus demandas a fin de que no tenga nada más que pedir. Muéstrate muy cariñosa durante todo el tiempo del ritual, pero firme y casi distante a continuación. Si tu niño no tiene la esperanza de hacerte ir y venir cien veces, dejará de intentarlo.
- Una frase repetitiva, enunciada a distancia a cada llamada, como: «Sí, estoy aquí, duérmete, todo va bien, veremos mañana», lo cansará por su monotonía.
- El objetivo es no dar al niño la impresión de que es el dueño de la situación y que puede manipular a sus padres a su gusto.

Las actitudes que deben evitarse

- Acostar al niño en la cama de los padres o dejarlo dormirse de agotamiento en el sofá del salón.
- «Recompensar» sus crisis autorizándole a levantarse o satisfaciendo sus múltiples demandas.
- Montar en cólera: mientras más manifestemos una calma decidida, antes cesará el niño de reclamar.
- Cambiar de actitud cada noche frente a su rechazo a dormir.
- Acostarlo deprisa, como para desembarazarse de él.
- Darle medicamentos para dormir.
- Amenazarlo con la cama como un castigo.
- Olvidarse de felicitarlo cuando se haya acostado con tranquilidad o haya hecho progresos.

Se despierta por la noche: ¿cómo reaccionar?

Para el niño, atravesar la noche es una prueba. Implica separarse de aquellos a quienes ama, además de afrontar la soledad de su cama durante largas horas. Casi todos los niños van a mostrar un día su desacuerdo intentando levantarse: sus pequeños problemas de sueño forman parte de la vida del niño. Pero ocurre que el problema del sueño se puede instalar y perturbar la vida de la familia de manera importante. Más vale intervenir rápidamente.

Tranquilidad mediante las plantas

El uso de jarabes para dormir debe ser excepcional y limitado en el tiempo. Estos productos enmascaran las consecuencias de los problemas, pero no tratan las causas. Tienen un efecto perturbador para la naturaleza del sueño y ocasionan a veces en el niño un efecto contrario y una lucha aún más fuerte contra el sueño.

El uso de plantas con virtudes apaciguadoras es totalmente recomendable. En tisana o en infusión, podéis darle al bebé tila, naranjo o espino. Estas infusiones pueden también ser vertidas en el agua de un baño caliente. Puedes ensayar igualmente con valeriana, tintura de pasionaria o agua de flor de naranjo, a razón de unas veinte gotas en medio vaso de agua (o de leche) caliente y azucarada.

Cuando los despertares se multiplican...

El ejemplo de Isabel, de dieciocho meses, es típico. Una leve rinofaringitis, que le impide respirar bien, ha provocado algunos despertares nocturnos ante los cuales su madre ha reaccionado con eficacia: lavado de nariz, gotas, pequeños mimos y a la cama. El resfriado está curado. Isabel continúa despertándose y llamando a su mamá. Ha comprendido enseguida que las horas de la noche son tranquilas, que su madre está disponible. Muy pronto, los despertares se multiplican, hasta cuatro o cinco por noche. La escena es siempre la misma: Isabel llama, llora, grita, despierta a todo el mundo y no se tranquiliza hasta después de una intervención de los padres.

Al cabo de algunos meses, los padres en esta situación están agotados por sus noches en vela. Tienen la sensación de haberlo intentado todo: jarabe para la tos, la cama de los padres, etc. En cuanto a los niños, están aparentemente poco afectados por sus noches agitadas. Si la receta milagro para hacer dormir a los niños no existe, hay aquí, sin embargo, algunas pistas que seguir o errores para evitar.

Las condiciones que favorecen un buen sueño

- Para que un niño soporte estar separado de sus padres toda la noche, es necesario que haya recibido una cantidad suficiente de afecto y de presencia de su parte.

- Es por el día cuando se regulan los problemas de la noche, muy unidos a la seguridad interior del niño. Si despliega una buena autonomía afectiva y maneja bien los momentos de separación y los momentos de soledad durante el día, sabrá manejar mejor sus inquietudes nocturnas.
- Es conveniente que el niño tenga, para dormir, su rinconcito, un pequeño nido donde se sienta bien, seguro, que no sea la habitación de los padres.

Cómo reaccionar en el momento

No es en el momento cuando se puede tratar el problema, pero la manera de intervenir «en caliente» cuando el niño se despierta, grita y llama, puede servir para atenuar el problema. Aquí hay algunos puntos:

- Asegurarse rápidamente de que no tiene problemas de salud.
- Tranquilizarle, hablándole en voz baja, con una mano en su espalda, sin cogerlo en brazos ni sacarlo de la cama, sin encender la luz. Se trata de mantener lo más posible las condiciones de la noche.
- Darle de nuevo su juguete preferido, el cual le es indispensable, pero nada de comer si ya ha recibido sus cuatro comidas.
- Explicarle suavemente, pero con firmeza, con palabras simples: «Es de noche, todo el mundo duerme, todo va bien, puedes volver a dormirte, ya veremos mañana», sin emplear más de uno o dos minutos.
- Evitar toda estimulación, toda señal de interés, con el fin de que el niño no encuentre ningún «beneficio» en el hecho de despertarse. Es conveniente que sienta también que te molestas y no te gusta que te despierten.

A plazo más largo

Los despertares múltiples son a veces el resultado de un mal hábito y de padres demasiado complacientes. Pero a menudo son también una señal de alarma que el niño pone en marcha para expresar su malestar. La ayuda de un psicólogo puede ser bienvenida para comprender mejor lo que el niño no puede decir con palabras.

Luego habrá que poner en marcha un programa continuo de reeducación del sueño. Después de haber tranquilizado al niño y de haberle explicado bien lo que se espera de él y por qué, irá aprendiendo poco a poco a manejar solo sus despertares y a dormirse sin la ayuda de los adultos.

¿Cuántas horas de sueño necesita un bebé?

El sueño es muy variable de un niño a otro. Desde los primeros meses constatamos la existencia de grandes y pequeños dormilones. A los dieciocho meses, el sueño es más o menos «a la carta». A esta edad, algunos niños se echan aún dos siestas por día, mientras que otros no se echan ninguna. Esto depende, entre otras causas, de la duración y de la calidad del sueño nocturno. Los niños de dos a seis años duermen una media de doce horas por la noche, primero con una siesta añadida, más tarde sin siesta.

Algunos niños son nocturnos y tardan en dormirse. Otros son mañaneros y se obstinan, con más de tres años, en despertarse a las seis de la mañana.

Para saber si duerme lo suficiente, observa al niño: si está tranquilo, con energía, con buen aspecto y buen apetito, no está fatigado durante el día y se despierta espontáneamente, no hay por qué preocuparse: él ya tiene su ración de sueño.

Es un madrugador: ¿qué hacer?

El día se desarrolla mejor si comienza para cada uno, padres y niño, con buen humor. Ahora bien, resulta muy desagradable si empieza con los gritos del niño a las seis de la mañana cuando el despertador no debe sonar hasta las siete, y esa hora marca toda la diferencia. Sin hablar de los domingos, en los que daríamos algo porque se nos pegaran las sábanas. ¿Cómo conseguirlo?

De vez en cuando, el niño no duerme lo suficiente

Tu niño no ha dormido lo suficiente (y tú tampoco…) para pasar un día en forma, la estrategia a seguir consiste en permitirle dormir más o bien en enseñarle a dormirse de nuevo sin vuestra ayuda. Esta será diferente según la edad del niño, pero, en todo caso, no esperéis milagros. Los progresos serán limitados y muy progresivos. Si se despierta a las seis horas, no pasará a las ocho en el periodo de una semana, pero tal vez a las seis y media, luego a las siete…

- El despertar del niño se debe a menudo a la percepción de la luz del día o del ruido en su habitación («¡Es de día, pues me levanto!»). En este caso, cualquier arreglo simple (cortinas gruesas, por ejemplo) puede ayudar a solucionar el problema.
- No os precipitéis a la primera llamada. Esperad unos diez minutos antes de ir a su habitación: a veces el niño volverá a dormirse solo. Si vais, cuchichead como si fuera de noche. Hacedle comprender que no es todavía la hora y que no hay forma de levantarse todavía.
- Si es él quien viene a tu habitación, sé directa y firme al decirle que se vuelva a dormir, que no es la hora. A menudo, el tono muy firme y convencido de los padres es suficiente. Si decides acogerlo en tu cama, sé consciente del riesgo que corre la situación de repetirse todos los días.
- Si se trata de un niño más grande, asegúrate de que no se ha despertado por la ansiedad de no despertarse a tiempo (para ir al colegio, por ejemplo). Si es el caso, dale un despertador.

¿Y si tiene hambre?

Se cree a menudo que es el hambre lo que despierta al niño. En realidad, a partir del momento en que el bebé pasa a hacer cuatro comidas al día, no tiene necesidad, salvo excepciones, del biberón de la noche. Pero, una vez despierto, seguramente sentirá hambre, porque no ha comido desde la víspera por la noche. De ahí la importancia de tener en reserva, al alcance de la mano (o de darle, después de volver a acostarlo), un biberón pequeño, que lo mantendrá ocupado y lo ayudará a tener paciencia.

¿Alondra o ruiseñor?

Si tu niño es mañanero, no conseguirás fácilmente que se «levante tarde». Será mejor tomarse las cosas con paciencia y darle los medios para crear su autonomía. Del mismo modo, con un niño pequeño, tendremos que aprender a tener un poco de paciencia, al menos ciertos días de la semana.

¿Y si necesita dormir?

Lo sabrás ante ciertas señales:

- Si duerme poco más o menos lo mismo todas las noches, incluso durante las vacaciones.
- Si se despierta en plena forma.
- Si está contento todo el día.
- Si ha dormido siempre menos que los otros.

En este caso, el objetivo será entrenar al niño a quedarse en su cama o en su habitación y a jugar hasta una hora razonable. No esperes, a pesar de todo, que pueda resistir ¡hasta las diez de la mañana! El día en que sepa servirse él mismo los cereales e ir a comérselos delante de la tele, eso se habrá acabado.

He aquí algunas ideas para ayudarle a pasar el tiempo

- Rellena una gran bolsa con «los juguetes de la mañana» a la que no tendrá derecho sino en ese momento, y que colocarás en su cama cuando te acuestes.
- Renuévale los juguetes y añade un paquete de cartas: esto puede tenerlo ocupado por un buen rato.
- Grábale cuentos en cintas reservadas para este uso, que podrá escuchar solo en su reproductor de cintas. Escucharte hablándole será para él un gran placer.
- Comisquear es una de las actividades favoritas del niño y una de las más agradecidas: deposita por la noche, al alcance de su mano, un pequeño biberón de zumo de frutas y algunas galletitas para cuando se despierte.
- Si es ya sensible a la noción de la hora, instala un reloj de pared en su habitación. Dile que no se debe despertar (salvo por un problema grave) hasta que la pequeña aguja no haya alcanzado tal número, que marcarás con una pegatina. Despierta su interés por este ejercicio: cada vez que lo consiga, marca una cruz, que le dará derecho, a partir de cinco y luego de diez, a un pequeño regalo.

Ninguno de estos consejos tiene efectos mágicos. Las cosas se arreglarán poco a poco. Los pequeños son mañaneros y a los padres les gustaría verlos dormir más. Los adolescentes son nocturnos y a los mismos padres les gustaría verlos levantarse más pronto. Todo esto es siempre una cuestión de edad… y de paciencia.

La hora de acostarse

Algunos padres pueden sentirse tentados, para que su bebé se despierte más tarde al día siguiente por la mañana, de acostarlo más tarde la víspera por la noche, incluso de hacerle saltarse la siesta. Esto funciona muy rara vez. El cansancio irrita al niño y además no lo hace dormir más. Por otra parte, el bebé, para tener un buen sueño, necesita una vida bastante regular.

Si tiene el hábito de despertarse a las siete entre semana para ir a la guardería, será bastante raro que acepte dormir hasta las diez los domingos por la mañana, solo porque lo hayas acostado más tarde.

Algunos padres alternan los días: le toca a uno de los dos estar despierto el sábado y al otro el domingo, o un fin de semana a uno y el siguiente al otro…

Cambiar de cuidadora: una elección delicada

Un bebé se acostumbra a su cuidadora. Establece con ella unos fuertes vínculos afectivos. Por eso, la decisión de cambiar de cuidadora no debe jamás tomarse a la ligera. Tiene que haber buenas razones para ello. Y habrá que hacerlo con muchas precauciones, siempre cuidando de proteger el sentimiento de seguridad del niño.

En caso de mudanza

Sofía tiene dieciocho meses, lleva más de un año con su cuidadora y a sus padres los han destinado a otra región. Estos van a aprovechar los dos meses que tienen por delante para preparar a Sofía y explicarle la situación. Cuando sepan con certeza dónde vivirán, buscarán una nueva cuidadora que pueda ocuparse de Sofía. Esperan sobre todo encontrar en ella las mismas cualidades de paciencia y de alegría. Pilar, la madre, planea estar disponible una semana para hacer la adaptación de Sofía a su nueva cuidadora.

Será el tiempo que necesitará para estar con ella en casa explicándole todo sobre sus costumbres y sus gustos. También tienen previsto enviar de vez en cuando noticias a su antigua cuidadora sobre la pequeña Sofía, la cual sentirá bastante esta separación.

¿Y si el bebé no está contento durante el día?

En otros casos, los padres, por diferentes razones, no están satisfechos de la cuidadora de su hijo: surge el asunto del cambio. Esta decisión es muy difícil de tomar, porque el hecho del cambio es siempre mal visto por el bebé, que ya se ha adaptado a sus costumbres.

Ocurre que los padres tienen la impresión de que su bebé no está a gusto con su cuidadora y se siente ansioso cuando ellos se marchan. A veces es necesario tener en cuenta algunas cosas. Hay madres que siempre están insatisfechas: desean, en el fondo, quedarse con su bebé, quisieran que alguien se ocupara de él como lo harían ellas mismas. Una exigencia imposible de satisfacer.

El contrato

Desde que hayas encontrado la cuidadora a quien vas a confiar a tu bebé, deberás establecer con ella los términos del contrato que te comprometerá, lo redactarás y lo firmarás. Esto te evitará posibles disgustos posteriores, en especial los pequeños conflictos que pueden surgir entre la cuidadora y los padres, referentes a los puntos que no han sido discutidos previamente. El contrato regula todas las condiciones materiales del acuerdo:

- Los horarios de entrada y salida de la cuidadora. Especialmente, la hora de llegada es muy importante para que los padres no se pongan nerviosos cuando tienen que ir a trabajar. Si una cuidadora se suele retrasar, no nos sirve.
- Los suministros (de leche en polvo, agua mineral, etc.).
- El reparto de tareas (¿lava ella la ropa sucia?, ¿baña al niño?, ¿cuándo sale con el niño?).
- Las fechas de las vacaciones de verano.
- La remuneración de los alargamientos de jornada.

Por otra parte, algunos niños necesitan un poco más de tiempo que otros para adaptarse a su nueva vida. Ciertos bebés lloran mucho durante un mes o dos, para después adaptarse muy bien y recuperar la alegría. Separarse de su madre después de muchos meses de vida en común no es una cosa fácil para un bebé. También es necesario tener un poco de paciencia.

Dicho esto, si un bebé está sufriendo, habrá que hacer algo.

Esto se observa en las siguientes situaciones: el niño está triste, no sonríe, no gorjea tanto como antes, llora y refunfuña a menudo, cambia rápida y constantemente sus hábitos de sueño y de comida sin que nada parezca justificarlo. Todas estas señales deben alertar a los padres.

Si se tiene alguna duda, pueden pasarse de improviso una o dos veces por casa durante el día: será mejor, asimismo, apreciar el comportamiento de su niño en su ausencia. También será necesario hablar con el niño: decirle que comprenden su malestar y que van a buscar una solución. Si el niño siente que su dificultad es reconocida, le resultará más fácil soportarla y tener paciencia.

Una decisión que no se toma a la ligera

A veces, hablar con la cuidadora bastará para arreglar las cosas. Pero este no es siempre el caso. Si ella habla del bebé en términos desagradables, por ejemplo: «No ha sido bueno hoy. Es un pillo. Llora todo el tiempo y no quiere terminar sus biberones», y si además se enfada con el niño, entonces hay que cambiar. Si se le ha perdido toda la confianza, es inútil continuar. Sin culpabilidad. No se encuentra siempre el toque maestro al primer intento. Si la opinión de los padres está fundamentada, su decisión tomada y si han encontrado una nueva cuidadora, será inútil esperar. Queda por explicar al niño la situación con calma y, cuando esta empiece a trabajar, lograr una buena adaptación del niño.

Una buena relación

Por las mañanas conviene dedicar unos minutos a conversar sobre el niño. También por las tardes. Es el momento de saber cómo ha pasado el día, de ver su cama, sus juguetes, su ropa... No es bueno que nos vayamos nada más llegar la cuidadora, o que esta se marche en cuanto lleguemos.

¿Llegaréis tarde? Prevenidlo. ¿Llegaréis regularmente más tarde de lo que está previsto? Pagad horas suplementarias. La cuidadora puede haceros grandes servicios, y los hará voluntariamente siempre que no consideréis normal que ella se quede sin saber con certeza cuándo vais a llegar.

El espasmo del sollozo

Se trata de una breve pérdida de conocimiento del niño, que puede durar algunos segundos (que se hacen eternos). Aunque benigno, el espasmo del sollozo impresiona vivamente a quienes lo presencian. No hay ninguna consecuencia en el plano médico, pero no deja de ser una reacción extraña que merece algunas explicaciones.

¿Cuán frecuente puede ser el espasmo del sollozo?

La edad más frecuente se sitúa entre los dieciocho meses y los dos años, pero no es raro encontrar también los espasmos en los pequeños de seis meses. Parece que cerca de un 5% de los bebés, tanto niñas como niños, tienen algún día el espasmo del sollozo, lo cual es una reacción relativamente corriente. ¿Reacción a qué? A una viva emoción, a una contrariedad, a una rabieta, a una frustración, a un pequeño accidente...

¿A qué se parece un espasmo del sollozo?

La forma más corriente es la «azul». En el transcurso de una crisis de llanto o una rabieta, el niño empieza a hipar y pierde el aliento. Sobrevenida la apnea, el niño se pone cianótico (azul) y pierde el conocimiento. Después, los espasmos cesan y su respiración se normaliza. Durante un momento, el niño se queda en blanco y apático, con la mirada perdida, un poco lánguido. Luego, todo vuelve a estar en orden.

La «forma pálida», menos frecuente, sobreviene a continuación de una frustración. El niño se pone blanco y pierde igualmente el conocimiento. Luego recupera rápidamente la conciencia.

¿Es grave?

Si se trata de un verdadero espasmo del sollozo, sus causas son psicológicas. Según la medicina, el espasmo del sollozo no es absolutamente grave y jamás deja secuelas.

Es diferente en el plano psicológico. El primer espasmo aparece generalmente de forma accidental: el niño se ha dado un golpe o ha tenido una gran rabieta. En tal caso, la reacción del entorno será determinante para los siguientes acontecimientos. El temor y la solicitud inmediata de la madre no escaparán al niño, van a actuar como refuerzo,

El «juego» del niño es inconsciente

Será inútil, una vez pasada la crisis, leerle al niño la cartilla y decirle que esto no se debe repetir o burlarse de él. El niño no hace «teatro», no pierde el sentido «a propósito». En realidad, está totalmente inconsciente de los mecanismos de «manipulación afectiva» a los que recurre.

No permitas que el niño se convierta en un tirano

Son numerosos los padres que no se atreven a contradecir o sancionar a sus niños. Los niños acusan esta vacilación o esta culpabilidad subyacente y son rápidos en aprender a beneficiarse. Hacen «teatro» expresamente. En cuanto a los padres, se sienten desbordados.

lo animarán a reincidir y a repetir sus espasmos del sollozo. La madre, temiendo un nuevo espasmo, tiende a sobreproteger al niño y no se atreve a negarle nada. Las consecuencias no se hacen esperar: el niño se vuelve un tirano y juega con la ansiedad de sus allegados para obtener todo lo que quiere.

Presenciar un espasmo del sollozo resulta muy impresionante para quien no está advertido.

¿Cómo reaccionar?

Durante la crisis, lo esencial es conservar la calma y no demostrar al niño hasta qué punto esta trae consigo el temor. Tendido en el suelo, el niño recupera enseguida el color. Otra técnica consiste simplemente en soplar suavemente sobre su cuerpo, para ayudarle a recuperar el aliento. Pero mejor todavía es que cuando sintamos que la crisis se anuncia (la gran rabieta que sigue a una frustración, por ejemplo), simplemente salgamos de la habitación. Sin espectadores, el espasmo se hace corto.

Si los padres están convencidos de que este síntoma no tiene gravedad y de que el niño se sirve de él para obtener lo que quiere, no se dejarán impresionar y los espasmos cesarán. En muchas ocasiones, el niño pequeño no sufre espasmos del sollozo sino en presencia de una sola persona, preferentemente la más ansiosa, o aquella de quien desea sobre todo captar su atención.

Intenta comprender

El espasmo del sollozo es una reacción psicosomática sin consecuencias médicas. Es sin embargo recomendable consultar a su médico después de la primera crisis, a fin de confirmar el diagnóstico e intentar aclarar las causas que la han desencadenado. Benigno en sí mismo, el espasmo puede estar asociado constantemente a otros problemas (rechazo a comer, perturbación del sueño...) y revelar incluso una dificultad educativa sobre la cual es importante incidir para analizar la situación.

Con perspectiva, es necesario preguntarse sobre la necesidad que tiene el niño de llamar así la atención. ¿No estará rodeado de un ambiente demasiado ansioso? ¿Han puesto sus padres en marcha una relación de confianza en la que el niño no puede poner en duda el amor que le tienen, aun en caso de conflicto? ¿Se aplica una disciplina abierta pero firme, o bien los padres se sienten «desbordados» por su niño? Estas son las preguntas que conviene hacerse si los espasmos del sollozo se repiten.

La agresividad de los pequeños

La agresividad es una energía vital que desemboca a menudo en la agresión. En los niños pequeños es un comportamiento generalizado.

Aprender a controlar esta agresividad es una parte importante del proceso de socialización. Se desarrolla a menudo si el niño se da cuenta de que la agresividad es la estrategia más eficaz y rentable, es decir, si le permite obtener lo que quiere.

He aquí lo que disminuye los comportamientos agresivos:

- Buenas relaciones afectivas y sociales precoces.
- No permitir que el agresor «gane», sino enseñarle otras estrategias.
- No tener comportamientos agresivos hacia el niño.

Mantener la calma frente a sus rabietas

Malena, de dos años, ya no acompaña a su mamá al supermercado. Sus gritos y sus arrebatos de rabia a cada rechazo de lo que pide pueden más que la paciencia materna. ¿Cómo no sentirse a la vez desarmada y enervada delante de un pequeño renacuajo de hija que grita, patalea, se sube al carrito y hace que los clientes te consideren un verdugo de niños?

Pequeños fácilmente enrabietados

Flavio tiene solo dieciocho meses, pero sus rabietas son ya terribles. Si ve un objeto y lo pide, no puede soportar que se lo nieguen. Esto va desde el pastel para el postre hasta el manojo de llaves de su padre. La frustración le parece tan insoportable que sus padres se preguntan si no son demasiado duros con él y si no deberían complacerlo más.

Los pequeños de entre dieciocho meses y alrededor de cuatro años son rabiosos voluntariamente. La frustración o el trastorno que les produce hacer todo lo que se opone a su deseo inmediato pueden ser el pretexto para una crisis. Ellos quisieran decidir sobre su vida, pero se sienten pequeños e incapaces. Obedecer les resulta insoportable.

¿Cómo reaccionar ante sus rabietas?

En el momento

- El niño, metido ya en un arrebato de cólera, pierde todo control emocional. No entiende nada, arma un escándalo. Apremiarlo o razonarle no hará más que reforzar la crisis.
- En primer lugar, se debe desahogar la tensión nerviosa. Lo mejor es dejar al niño un tiempo para que descargue esta energía, ya sea ignorándolo o aislándolo cuando sea posible («Vas a ir un momento a gritar a tu habitación; volverás cuando te hayas calmado»).
- No cedas. Si las rabietas le son «rentables», se harán más frecuentes.
- No cojas una rabieta más fuerte que la suya. Sería terrible. Recuerda que tu actitud siempre tiene que servir de ejemplo al niño.

Aprende a negociar

Algunas veces, un sí limitado, como resultado de una negociación, puede desactivar un conflicto. Es el método sin perdedor.

- «De acuerdo con los caramelos, pero uno solo».
- «Puedes continuar con tu juego, pero solo cinco minutos».

Por su parte, el niño aprende a hacer valer sus argumentos y siente que tú lo comprendes. Incluso si no consigue todo lo que quiere, por lo menos obtiene una parte. Mientras tanto, has logrado que tu niño te obedezca sin desencadenar un conflicto. Una vez que se alcanza un acuerdo, es importante cumplirlo: cinco minutos son cinco minutos, no quince. Si no, tu acuerdo no será un acuerdo y tu palabra perderá credibilidad.

Atención: no todo se negocia. Si no llegas a un acuerdo con tu niño, eres tú quien ha de tener la última palabra.

Al término de la rabieta

- Cuando sientas que el niño ha descargado gran parte de su rabia, podrás, si lo acepta, ayudarlo a terminar. Cógelo en tus brazos y estréchalo contra ti, con ternura y firmeza. Bésalo suavemente. Esto le ayudará a recuperarse.
- Si lo has mandado a su habitación, recuérdale que puede salir y volver contigo cuando haya terminado con su rabieta.
- No te quedes jamás con el conflicto. Es a ti a quien le corresponde dar el primer paso hacia la reconciliación. El niño tiene absoluta necesidad de saber que su rabieta no ha disminuido el amor que le profesas.
- Si tiene ademanes violentos que hacen daño o rompe cosas, ayúdale a reparar los desperfectos. Puede pedir perdón a su amigo o recoger los trozos del puzzle que ha lanzado al aire.
- Explícale que, como todo el mundo, tiene el derecho a sentir y expresar la cólera, pero no el de destruir o hacer daño.

En frío

- Si tu niño es muy irritable, si reacciona a la más pequeña contradicción o frustración, es el momento de interrogarse: ¿le has impuesto límites progresivamente? ¿Está bien claro que no es él quien manda en la casa?
- ¿Dais a tu niño, tú y su padre, el ejemplo de adultos que saben controlar sus emociones, desviar su propia cólera y conservar la calma? El ejemplo de los padres es fundamental en la forma en que el niño aprenderá a manejar sus propias emociones. Cuando sientas cólera dentro de ti, dile: «Siento la cólera dentro de mí a causa de eso que acaba de pasar; me voy a aislar un momento para recuperar la calma».

¿Cómo evitar la próxima cólera?

- Trata rápidamente de desviar su atención hacia cualquier cosa que le interese. Esto puede ir desde: «¡Oh, mira la paloma en la terraza!» hasta «¿No es la hora de tu programa?».
- Demuestra que comprendes su deseo, antes de rehusar satisfacerlo: «Tienes razón, estos caramelos tienen un aspecto delicioso; compraremos estos la próxima vez».

La rabieta tiene un sentido

La rabieta es un desbordamiento violento que lleva el niño. Algunas veces llega repentinamente, aun cuando los padres ignoran la causa. Los pequeños son susceptibles y esta sensibilidad es totalmente personal. En cambio, la rabieta provoca enervamiento, tensión, confusión. O bien otro enfado, esta vez el de los padres. La rabieta del niño, que puede parecer fulminante y excesiva, tiene sin embargo un sentido:

- Expresa la frustración: «Quiero hacer cualquier cosa, pero no lo consigo».
- Expresa el miedo y la angustia del abandono.
- Expresa la necesidad de ser autónomo, grande y decidir por sí mismo.
- Expresa la necesidad de respeto y la rebelión contra lo que le parece injusto.

Los límites y la autoridad... bien temperada

Uno o dos años difíciles

Mientras el niño es muy pequeño, no hay problema: sus desplazamientos por la casa, así como las ocasiones de hacer tonterías, son limitados. Mirar con enojo o elevar la voz son generalmente suficientes para impresionar al bebé.

Entre los dieciocho meses y los dos años, cambio de tono. El niño quiere decidirlo todo, se opone fácilmente y se niega a obedecer. Ya no soporta la frustración. Corre por todas partes, lo toca todo, se muestra fácilmente provocador y desencadena así toda clase de situaciones difíciles de manejar para los padres. Ellos, que soñaban con tener relaciones pacíficas y razonables con su niño, se encuentran arrastrados a esta relación de fuerza, en la que tratan de evitar los escollos de la laxitud o de los excesos de autoridad.

Los meses pasan. El niño continúa chillando cuando se le pide que deje sus juegos, subiéndose a la mesa o negándose a cogerse de la mano para atravesar la calle. ¿Cómo se hace para hacerse obedecer por el niño sin ser autoritarios ni dejarle el papel del tirano?

¿Unos buenos azotes serán mejor que un gran discurso?

No.

- Los azotes serán siempre un fracaso. Fracaso de la paciencia, de la educación, de la obediencia. No se pueden concebir sino como una solución excepcional, utilizada en la urgencia de actuar con rigor y ante la impotencia de encontrar algo mejor en el momento. En estos casos deben ser administrados sin violencia, lo cual es a menudo difícil. Por tanto, hay que evitarlos: existen otros medios más educativos para hacerse obedecer.
- En cuanto al discurso, mejor hacerlo breve y claro. Largo, agotará pronto al niño, que simplemente cesará de escuchar. Las frases simples y repetitivas («No, no toques el fuego. Corres el riesgo de quemarte, está prohibido») son las que se inscriben mejor en el espíritu del niño.

Lo esencial está en cuatro puntos

Adultos que saben lo que quieren

Es normal que el niño se oponga y saque de sus casillas al adulto, pero es deseable que encuentre frente a él una voluntad superior a la suya que dé pruebas de la firmeza necesaria. Aun cuando el niño proteste por la forma, estará profundamente seguro si se siente guiado por adultos que saben lo que quieren y defienden aquello en lo que creen. Una disciplina es completamente necesaria.

Pocas reglas, pero coherentes

Las reglas son difíciles de aplicar, más vale atenerse a lo esencial. Limitarse a algunas exigencias razonables, respetuosas y de acuerdo con la edad del niño es una garantía de éxito. Igual que es legítimo pedir al niño que no tome la sopa con los dedos, ni tire de la cola al gato, ni se ponga de pie sobre su trona, será difícil exigirle que se acueste a las ocho si su padre vuelve a las nueve, o que no toque las figuras que están al alcance de su mano sobre el aparador.

Explicar sin justificarse

Una vez definidas unas cuantas reglas y prohibiciones simples y coherentes que regirán la vida del niño, será necesario aplicarlas. La primera etapa consiste en explicarlas brevemente, con palabras simples («No toques la puerta del horno porque corres peligro de quemarte. Está prohibido»).

Durante la segunda etapa hay que repetirlas tantas veces como sea necesario («Recuerda, te he dicho que no hay que tocar el fuego. Es peligroso»).

Atención: a esta edad, la explicación no admite discusión ni justificación.

La tercera etapa consiste en aplicar las consecuencias: felicitar y animar mucho al niño que obedece; si no, manifestar reprobación. Puede ser necesario un castigo («Si tiras una vez más el agua fuera de la bañera, saldrás enseguida del baño»), pero entretanto economiza las amenazas: ¡para ser eficaces, han de ser llevadas a cabo!

En todos los casos constatamos rápidamente que el niño entiende mejor al adulto si este basa su autoridad en una relación de confianza y afecto. La calma es más eficaz que los gritos; ¡hacer que su madre se suba a la parra puede convertirse en el juego favorito del niño!

Un amor incondicional

Lo mismo que algunos comportamientos del niño son inaceptables (por razones de seguridad, entre otras), también él debe sentirse totalmente aceptado y respetado en sus deseos y en sus emociones. Tiene el derecho de montar en cólera, pero no el de golpear a su hermana pequeña. Tiene derecho a que le apetezca comer pan con chocolate, pero no a chillar en la panadería si no se le da gusto. Es esencial hacerle apreciar bien esta diferencia: a él se le quiere, pero no a sus caprichos.

«¿Quién es el jefe aquí?»

Muchos padres se preguntan, por último, si saben hacerse obedecer por sus pequeños. Una manera simple de saberlo es responderse honestamente a esta simple pregunta: en casa, ¿quién lleva la batuta? ¿Quién decide lo que concierne a la vida cotidiana del niño? ¿Es él o eres tú quien decide cómo ha de vestirse, cuál es su hora de dormir, qué debe comer, etcétera?

¿De dónde viene la autoridad?

- Autoridad viene del latín *auctor*, que significa «autor», pero también «garante», «el que acrecienta», «el que funda», «el que es el origen de las cosas y el responsable». El autor es aquel que tiene valores a transmitir, por lo que la persona a quien los transmite se convierte a su vez en actor de su vida y autor para los otros.
- Tener autoridad, etimológicamente, es tener el derecho de mandar, pero también es ser aquel que ayuda a desarrollarse, a crecer y a construirse a sí mismo.
- Ejercer la autoridad es ser la referencia, el modelo, el ejemplo, la guía.

La autoridad reposa sobre la confianza, sobre la certidumbre de ser amado y sobre la calma. El niño tiene naturalmente el deseo de obedecer para complacer y porque siente que el adulto es «razonable».

b

escuela infantil

curiosidad

año

quitar pañales

vestirse solo

Descubrir la alegría del baño

Parece que todos los niños pequeños adoran el baño y chapotean alegremente en su pequeña bañera... salvo el tuyo. Desde que empiezas a desnudar a Felipe, este empieza también a poner caras de descontento. Ya desnudo, llora. Metido en el agua, chilla abiertamente. Sin embargo, como todos los otros bebés, Felipe ha pasado los nueve primeros meses de su vida en el medio líquido del vientre materno. Conoce la sensación del agua sobre la piel desde antes de nacer y podríamos pensar que le gustaría reencontrarla. El primer baño del niño, dado generalmente por la comadrona en la sala de partos, es prueba de ello. El bebé se calma, su cara se alegra...

Una mala experiencia a veces es suficiente...

Entonces, ¿qué ha pasado para que Felipe, a las ocho semanas, reaccione tan mal? Parece como si una sola experiencia desagradable hubiera sido suficiente para hacerle temer el baño. ¿Se le ha metido un día jabón en los ojos? ¿Al bañarle en la maternidad, la auxiliar tenía demasiada prisa o el agua estaba muy fría? ¿El bebé ha tenido a veces un sentimiento de inseguridad porque no lo tenían bien sujeto? Por una razón u otra, el recién nacido asocia el baño con la experiencia desagradable. Desde entonces, llora.

¿Qué hacer?

La primera medida de urgencia consiste en dejar de bañarle provisionalmente. No te inquietes. ¡No estará sucio por eso! Después, es aconsejable actuar de manera progresiva, paciente y suave, para reconciliar al niño con el agua y hacerle encontrar de nuevo la noción de juego y de placer. Entretanto, puedes proceder de la manera siguiente: calienta una toalla grande, envuelve en ella al niño desnudo y lávalo suavemente con una manopla caliente y un jabón neutro. Durante algún tiempo, no metas al bebé enteramente en el agua. A él le gustará quedarse todo ese tiempo en tus brazos. Para estar más cómoda, puedes sentarte al lado del lavabo con el bebé en las rodillas.

Los juguetes del baño

Aunque sea muy pequeño, el bebé puede apreciar el tener a su disposición, en su pequeña bañera, uno o dos juguetes de baño que le gustará reencontrar cada día y verlos flotar. Un pequeño patito de plástico o un libro de baño servirán.

Un gran final

Los bebés adoran que se les acabe de secar con el secador de pelo. Una vez secado someramente con la toalla, acuesta a tu bebé sobre la mesa de vestir, luego pásale suavemente el secador de pelo un poco por todo el cuerpo, insistiendo sobre los pequeños pliegues y los lugares encarnados de la piel. Regula la temperatura para que esté bien caliente sin resultar incómodo. ¡Esto se convertirá pronto en un gran placer!

Volver al baño placentero

Aquí tenemos algunos consejos para reconciliar a tu bebé con el baño y hacer de esta hora un momento verdaderamente privilegiado.

- Sujeta al niño con gestos firmes y confiados, a fin de transmitirle un sentimiento de contento y seguridad.
- Reemplaza el champú por una manopla enjabonada. Y no olvides que una mano llena de jabón es más suave que una manopla o una esponja y se desliza mejor por los pequeños pliegues del cuerpo del bebé.
- Consigue un termómetro de baño para asegurarte de que el agua está bien caliente y no vaciles en poner en marcha un calentador adicional.
- Intenta lavar a tu bebé en el lavabo antes que en la bañera, con una toalla o un paño colocado en el fondo para evitar los resbalones.
- Desvía la atención de tu bebé sobre otra cosa que su incomodidad: elige pegatinas antideslizantes de colores vivos, o bien deja flotando cualquier juguete multicolor en la superficie del agua. Fascinado con verlos moverse a su alrededor, olvidará rápidamente sus llantos.
- Una vez bañado, envuelve a tu bebé en una toalla caliente... ¡Tendrá una sensación maravillosa!

Sería sorprendente que el baño no se convirtiera pronto en un gran placer. ¡Entretanto, manifiesta el tuyo! Báñalo con alegría, charlando con él, cantándole. Esto le fascinará. Poco a poco, adquirirá confianza en ti y en tus gestos, lo cual le ayudará a sentirse completamente a gusto.

La desnudez

Es conveniente saber que ciertos recién nacidos, particularmente sensibles, no soportan la desnudez y, menos aún, la sensación del aire sobre su piel desnuda. Si tu bebé está en ese caso, agradecerá que laves primero la parte de arriba de su cuerpo, después la inferior, sobre la mesa de vestir, sin dejarlo jamás totalmente desnudo, y estando siempre envuelto en calor.

¿El baño con papá o con mamá?

El agua de baño en la que un adulto se baña después de una jornada de actividad se convierte rápidamente en un auténtico nido de microbios, poco recomendable para un bebé. Si deseas compartir el placer de un baño con tu niño, dúchate antes de deslizarte, ya limpia, en el agua de la bañera.

Imitar es aprender

No es exactamente por fastidiar por lo que tu pequeña hija de dos años vacía tu bolso y se pintarrajea los labios con pintura en cuanto tiene la ocasión. Al mismo tiempo, tu hijito de tres años espera que vuelvas la espalda para trepar al lavabo y tratar de coger la maquinilla de afeitar de su padre. Luego, en complicidad, los dos enredarán con tu teléfono móvil y acabarán con tu saldo tratando de llamar a mami… Inútil enfadarse. No hacen otra cosa que aprender a vivir.

El niño es observador

Como está muy atento, el niño se da cuenta rápidamente de la forma en que los adultos (o los hermanos o hermanas mayores) utilizan los objetos, y no siempre espera a que le den la espalda para ensayar a su vez. Está impaciente por intentar, por copiar. Con un año, lo importante para él es trapichear con las cosas nuevas. A los quince meses quiere utilizarlas como los mayores. Aprende, así, con el placer de la habilidad progresiva, un nuevo comportamiento: imitar al otro que sabe mejor y participar en lo que este hace. El bebé nace con esta capacidad de observar y reproducir. Ha hecho la demostración desde las primeras semanas de vida, pero es hacia los quince meses cuando esta competencia se torna plenamente eficaz.

La etapa de los quince meses

El niño es cada día más consciente de su entorno y de los acontecimientos que en él se desarrollan. Memoriza, se prepara. Si sus capacidades no le permiten todavía intervenir tanto como quisiera, estudia muy de cerca el asunto para el día en que… No espera sino una cosa: que llegue su tiempo de actuar sobre los objetos y sobre las personas. Entretanto, acepta y comprende lo que le dicen, reivindica o rechaza, premedita sus actos… ¡Qué impaciencia siente de poder manipular el mando de la tele o accionar la batidora! Quince meses, la explosión de todas las capacidades. Está claro: el bebé ya no es verdaderamente un bebé.

Para encontrar su lugar, el niño va a emprender en lo sucesivo tres caminos. El primero es la exploración permanente, redoblada por una insaciable curiosidad. El segundo es el rechazo: decir «no» es una manera eficaz de hacerse reconocer. El tercero es la imitación.

El nacimiento del juego simbólico

En el curso del segundo año, el niño atribuye una existencia propia a los objetos, lo que le da sobre ellos un nuevo poder. De una cacerola puede hacer, por turnos, un tambor, un sombrero o un recipiente. Desde ese día, el niño es el rey de un nuevo mundo donde solo su imaginación define los límites. De un bastón, él hace una espada; de un trozo de bizcocho, una pistola; de una camisa vieja, un vestido de princesa, y de un oso viejo, un compañero imaginario a quien hay que alimentar y corregir.

Saber fingir abre la puerta a todos los comportamientos de imitación, que se desarrollan sobre todo a partir del tercer año. Es la edad en que empieza a hacer pasteles de arena que mamá tiene que fingir comer y cuando «conduce» muy seriamente su coche sosteniendo una tapadera entre sus manos con los brazos estirados.

Los juegos de imitación tienen muchas veces roles esenciales

El niño va a reproducir, con sus peluches o sus pequeños personajes, las experiencias pasadas. Las situaciones que ha vivido, pero que no ha asimilado del todo, van a ser de nuevo representadas, tantas veces como sea necesario, hasta que le resulten totalmente familiares. Por eso regañará a su conejo porque no come, le pondrá una inyección o le obligará a vestirse bajo pena de unos azotes. El niño toma el lugar de sus padres para recuperar el poder y el dominio de la situación. Después vuelve a representar los acontecimientos y a modificarlos si es preciso, hasta darles realmente la vuelta.

- Estos juegos, en los que el niño representa el papel de los adultos (padres, maestra, doctor, vendedor, etc.), le permiten conocerlos «por dentro». Asume, por primera vez en su vida, el lugar de otro. Él, que ha estado hasta ahora centrado en sí mismo y sobre sus propias emociones, comienza a ser capaz de imaginar lo que ve y siente el otro.
- Estos juegos permiten al niño comprender mejor el mundo, comprender las relaciones entre los acontecimientos. Hablar en voz alta al jugar, solo o con sus amigos, desarrolla la habilidad lingüística. El maravilloso invento del «amigo imaginario», a veces bueno y a veces infernal, permite defenderse contra la soledad, aprender a diferenciar entre el «bien» (lo que los padres aprueban) y el «mal».
- Igualmente, es en el curso de este año cuando el niño aprende a reconocerse niño o niña y a saber cuál será su futuro rol. El niño chapucea, juega a la guerra y le fascina todo lo que rueda. La niña juega a las comiditas, arrulla a sus muñecas y, subida a los zapatos de tacón de su madre, se disfraza de estrella...

Una vigilancia obligatoria

Este período no es en absoluto de total reposo para los padres. El niño no es consciente del peligro e ignora los riesgos que tiene el imitar a los «mayores». Los accidentes domésticos son numerosos a esta edad. Habrá que revisar periódicamente las instalaciones de la casa en función de las nuevas capacidades del niño. Pero es un período apasionante, rico en descubrimientos y en ataques de risa.

El niño en colectividad

El niño pequeño observa sólo a sus padres y a sus hermanos mayores. El que pasa los días con niños de su edad los imita también a estos. Por eso coge la pelota de aquel que parece divertirse con ella, o se instala con sus construcciones al lado del que sabe ya encajarlas. Los niños se enseñan mutuamente, para el progreso de cada uno.

¿Qué hay que ofrecerle?

- Ropas usadas de los mayores y maquillaje para disfrazarse de padre, de vaquero, de El Zorro, de princesa, de bailarina...
- Materiales de construcción (ladrillos, cubos, cartones grandes, etc.) y accesorios necesarios para fabricar, a su gusto, un garaje, una granja, un aeropuerto, una tienda, una estación de servicio o una casa de muñecas.
- Pequeños personajes, animales de la granja, un cochecito, pequeñas herramientas de bricolaje o de menaje, una muñeca pequeña, flexible, fácil de vestir, etc.
- Un equipo de médico con apósitos, algodón, bastoncitos, frascos, esparadrapo, etc.
- Un paño y una estructura para fabricar una tienda o bien un cartón grande para hacer una cabaña.
- Un teléfono falso, o bien uno verdadero pero fuera de uso.

El aprendizaje del orinal: ¿qué hacer?, ¿qué evitar?

Mientras el niño es pequeño, no hay problema: todos los padres encuentran normal cambiarles los pañales varias veces al día. Luego llega un momento en que los padres quieren que su niño controle los esfínteres y ya no necesite llevar pañales. El cansancio juega ciertamente un papel, pero también la comparación con otros niños de la misma edad que utilizan ya el orinal. Piensan que ya tiene edad suficiente, que seguramente podría retener. Los consejos contradictorios escuchados aquí o allá generan en los padres una ansiedad inútil. Como todos los mamíferos, el hombre es naturalmente continente. Casi la totalidad de los niños terminan por controlar, algunos muy pronto o más fácilmente, y otros, más tarde o con más dificultad. La edad de adquirir el control de esfínteres no tiene nada que ver con el resto de su desarrollo.

Una adquisición normal, pero compleja

Para empezar, se trata de un terreno sensible, al que los padres confieren mucha importancia y que puede, por tanto, convertirse en un campo privilegiado de oposición. Llegar a controlar supone previamente la adquisición de ciertas competencias físicas, nerviosas, intelectuales y lingüísticas. Por ello, un niño difícilmente adquiere el control de esfínteres entre los dieciocho meses y los dos años; lo más frecuente es entre los dos y los tres años. Antes de alcanzar esta madurez, el niño no puede controlarse: no se trata de educación, sino de adiestramiento cuando el niño está preparado.

Si los padres esperan a que el niño esté preparado para comenzar el aprendizaje del control de esfínteres, esto puede lograrse en solo unos días, a veces en algunas semanas. Lo más importante es reconocer el momento en que el niño esté preparado, de saber si lo acepta y de no cometer errores que podrían incluso provocar retrocesos.

Para resumir, el niño está preparado cuando:

- Conoce su cuerpo, las palabras para nombrar todas las partes y aquello concerniente a las funciones de eliminación.
- Habla bastante bien y sabe pedir lo que necesita.

Lo que hay que evitar

Todo irá bien y tu niño alcanzará el control de esfínteres naturalmente, a su ritmo, con la condición de evitar las torpezas que mencionamos...

- Esperar demasiado del niño y demasiado pronto, a una edad en que él no puede conseguirlo. Lo pondríamos en una situación de fracaso muy dolorosa. Quisiera complacer a mamá, pero se siente incapaz. Ahora bien, la edad varía de un niño a otro. Solo él puede decir si está dispuesto.
- Presionar fuertemente al niño, obligándole a sentarse en el orinal. Mejor evitar cualquier demostración de fuerza; la eliminación de pañales no es una batalla que puedas ganar sin la cooperación del niño. Si este siente que el adulto «espera» demasiado, puede aprovechar estas situaciones para «manejar» a los que le rodean y llamar la atención de forma duradera.
- Dejar al niño en el orinal más de cinco minutos y entretenerlo con sus juguetes y sus libros. Tiene ganas o no tiene ganas, pero los lavabos no son una sala de juegos.

- Es consciente del funcionamiento de su cuerpo, sabe cuándo elimina y pide que lo cambien cuando su pañal está sucio.
- Puede quedarse dos o tres horas con un pañal seco y muchas veces se despierta seco.
- Le encanta imitar a sus padres, sus mayores y sus compañeros.
- Se muestra cooperador, deseoso de complacer y capaz de seguir instrucciones simples.
- Bien coordinado, corre y trepa: parece sentirse a gusto con su cuerpo.
- Comprende lo que se espera de él.
- Está de acuerdo con dejar los pañales y usar el orinal.

Estos dos últimos puntos son fundamentales. Si el niño está dispuesto y deseoso de cooperar, el aprendizaje se hará solo.

Los comportamientos y las actitudes que ayudan

Llega un momento en que empiezas a poner al niño en el orinal, con vistas a quitarle próximamente los pañales. Independientemente del método adoptado, he aquí algunos consejos que podemos probar.

- Si el niño está en la guardería, ponte de acuerdo para empezar el aprendizaje al mismo tiempo y de la misma manera. Utiliza preferentemente las mismas palabras.
- Lleva al niño a comprar el orinal y que escoja el modelo que más le guste. Después, déjale familiarizarse con él tanto como quiera.
- Ofrécele el orinal a horas más o menos regulares, sin obligarle jamás a sentarse en él. Déjalo ahí un tiempo corto, menos de cinco minutos. ¿No hace nada? Pasa a otra cosa. Si no sucede nada durante dos semanas, guarda el orinal. Volverás a sacarlo en dos o tres meses.
- ¿Lo ha hecho? Manifiesta tu orgullo y felicítalo por su éxito. Si esto se regulariza, puedes probar a suprimir los pañales y llevar a tu niño a comprarse una bonita ropa interior.
- Los «accidentes» son inevitables. La mejor actitud consiste en cambiar rápidamente al niño y tranquilizarlo, confirmándole tu confianza. Si los accidentes son muy numerosos, pregúntate si tu niño está realmente dispuesto.
- Si hace calor y si tu suelo lo permite, deja al niño en braguitas, incluso con el trasero al aire: sentirá mejor lo que pasa con su cuerpo e irá más rápidamente al orinal.

Tener más orinales...

Mientras el control de esfínteres no esté totalmente dominado, los «pequeños accidentes» son numerosos y el niño teme no ser capaz de aguantar. Si vives en un chalé, tener un orinal en la planta baja y otro en la planta alta puede ser una buena idea, así como dejar al niño deambular en braguitas o calzoncillos.

No se debe hacer

- Empezar el aprendizaje del control de esfínteres al mismo tiempo que surge un acontecimiento familiar mayor (mudanza, nacimiento, etc.). Como este es un aprendizaje que conlleva cambios en el niño, será mejor escoger un período de calma emocional.
- Vestir al niño con ropa difícil de quitar: tirantes, braguetas con botones, etc. La ropa sencilla le ayudará a ser autónomo: cuando tenga ganas, lo solucionará enseguida.
- Castigar, criticar o ridiculizar al niño en caso de accidente. Muy sensible, el niño puede sentirse descorazonado en sus esfuerzos si muestras contrariedad, impaciencia o decepción. Será igualmente inútil el proclamar el milagro cuando lo haga en el orinal, nada más normal cuando uno se hace mayor. El niño sólo tiene necesidad de estímulo, de apoyo y de sentir tu orgullo al verlo crecer.

Aprender a vestirse solo

Vestirse: una frecuente fuente de conflictos

Cada mañana, la misma escena, cuando Carolina intenta vestir a Mateo, de dos años, que rueda por el suelo y se agita; quiere, por encima de todo y en pleno invierno, ponerse su pantalón corto azul y, además, juega a esconder sus zapatos. Carolina termina por exasperarse. Esta grita, amenaza con un azote y viste por la fuerza a Mateo, que le lanza golpes con los pies... Finalmente ya está vestido, pero ¡a qué precio! Los dos terminan agotados, disgustados. He aquí una jornada que ha empezado muy mal.

Ya va siendo hora de que Mateo aprenda a vestirse solo. Lo que se gane en el plano de la autonomía no se empleará más en oposición y peleas. Convertir el momento de vestirse en un rato sencillo y agradable es, además, lo que engendrará un menor rechazo y una mayor cooperación.

«Yo solo»

Con cada niño llega una edad en que él reivindica el hacerlo solo. No quiere que tú toques su cuchara cuando él come y prefiere pasar diez minutos ensayando cómo ponerse sus zapatillas antes que dejarse ayudar. Es el momento de transmitirle los poderes, cualesquiera que sean las dificultades encontradas.

A menudo, los padres dudan. Hacerlo por él es, al final, más rápido y eficaz. El niño es torpe, esto toma tiempo, etc. Exacto, pero es una visión a corto plazo. Porque negarse a atender y satisfacer las demandas de autonomía del niño en el momento en que las expresa vivamente, será correr un riesgo en el futuro respecto a su confianza en sí mismo, por ejemplo. Tiene necesidad de sentir que él es competente y que tú estás de acuerdo, porque él crece. Y además, se corre el riesgo de que se le pasen las ganas. También va a ser preciso aprender a transigir...

La alegría y la capacidad de hacer

A ti te toca saber lo que tu niño es capaz de hacer solo. Después enséñale el resto, fuera de los momentos de tensión matinal. He aquí un pequeño calendario que puede servir de punto de referencia:

- A los dos años se quita las camisetas y chaquetas que le han desabotonado y se baja los calzoncillos o braguitas y el pantalón o falda.
- A los tres años se viste solo si la ropa está bien escogida y bien presentada.
- A los tres años y medio se abotona.
- Un año más tarde domina todo excepto los cordones.

Este aprendizaje será más fácil si, desde el nacimiento, el niño ha aprendido que tanto el vestirse como el desvestirse son momentos de placer. Según su edad, le hablamos o le cantamos canciones o le damos un juguete o un pequeño libro, o inventamos canciones infantiles o ponemos un disco o una cinta de casete. El vestirse quedará en su espíritu como un momento agradable y no como una lata.

Podemos ayudar al niño preparándole la tarea

Es importante facilitar la tarea del niño escogiendo las prendas apropiadas, fáciles de poner y quitar: pantalones y faldas con la cintura elástica, un suéter mejor que un chaleco, zapatillas sin cordones, zapatos con cierre tipo velcro, etc. Cuando sepa manejar estas prendas, se podrá pasar a algo más complicado.

Enséñale progresivamente la técnica de vestirse. Puedes favorecer su entrenamiento haciéndole practicar con un gran oso de peluche o una muñeca, con ropa de bebé muy simple. Algunas muñecas están especialmente concebidas para este propósito.

Otra forma de enseñarle consiste en vestirse junto con él por la mañana. Poco a poco irás indicando el nombre de la prenda siguiente, el sentido en que se pone; ayudarás con un botón... y no perderás el tiempo porque tú te irás vistiendo a la vez que él.

No seas demasiado impaciente –las pequeñas manos de los niños son torpes durante mucho tiempo– y no escatimes los cumplidos ante cada progreso.

Existen algunos «trucos» prácticos

Estos te simplificarán la vida y ayudarán al niño a ser autónomo más pronto:

- Escoge su ropa junto con él, la víspera, y disponla sobre el suelo, en el orden y la posición en que ha de ponérsela.
- Haz una marca indeleble sobre la pared interna del interior de los zapatos y zapatillas. El niño sabrá que tiene que poner una contra otra, las dos marcas del par, antes de ponerse los zapatos.
- La misma marca en la parte de atrás de los pantalones, camisetas y jerséis evitará los problemas de «delante-atrás».
- Por último, si quieres que tu niño se vista solo, no lo hagas tú por él. Como es más lento que tú, cuida de despertarlo bastante pronto para que le dé tiempo. Nada peor que la urgencia y los «date prisa» repetidos cada cinco minutos para cortar al niño el entusiasmo y darle ganas, precisamente, de tomarse todo su tiempo, incluso de detener sus esfuerzos...

La mañana que estés muy apretada de tiempo, juega al «yo abrocho un botón, tú abrochas el siguiente, yo meto una manga, tú metes la otra...».

Déjalo escoger

Si tu niño se niega por sistema a llevar la ropa que tú has preparado para él, has de saber que la astucia da mejor resultado que el enfrentamiento de fuerzas repetido a diario. Le dejarás escoger su ropa, a fin de actuar de acuerdo con él y no contra él, pero nada de una elección abierta: una elección entre dos prendas igualmente posibles. Nada de: «¿Qué pantalón te quieres poner?», sino: «¿Quieres el pantalón verde o el azul? Tú decides...».

Bien entendido, esta técnica es igualmente válida para la elección de yogur con frutas («¿Prefieres fresa o plátano?») o acerca del peluche («¿Qué prefieres que nos llevemos, el conejo o el oso?»).

El niño, convencido de que es él quien decide, no se opone a la elección. Esta técnica solo funciona durante una temporada. Muy pronto, el niño es lo bastante listo para darle la vuelta. Pero, en fin, son siempre algunos meses que ganar...

¿Por qué dice siempre que no?

La primera verdadera prueba educativa...

«¿Acabas de lavarte?». «No». «¿Vamos de paseo?». «No». «¿Quieres un pastel?». «No». Lo que no le impide al muy bribón atrapar el pequeño pastel y devorarlo rápidamente. ¿Pero qué le ha pasado a este niño, hasta ahora tan encantador? Nada grave, una fase inevitable de su desarrollo: ha entrado en la crisis de oposición.

Alrededor de los dieciocho meses, por algunas semanas o algunos meses, vas a encontrarte con la primera verdadera prueba educativa. Transitoria, pero no obstante inquietante, va a exigir de ti una mezcla de paciencia, de comprensión y de firmeza que no es siempre fácil de equilibrar. No te pongas a su mismo nivel. Si te muestras impaciente o nerviosa, el niño va a perseverar en la actitud que te irrita hasta llegar al enfado.

¿Qué hacer entonces? De entrada, comprender.

Dice «no» para hacer sí...

A esta edad, el niño comienza a tomar conciencia mucho más claramente de su pequeña persona y de su identidad. Tiende a dar a conocer que posee una voluntad propia e ideas personales. Oponerse, esto es tomar postura, decir torpemente que uno existe. Estos «no» a todo no son siempre rechazos reales. El niño puede rechazar y hacer a pesar de todo voluntariamente aquello que se le pide. Es su forma de decir: «Si lo hago, es porque me parece bien y no porque tú me lo pidas. Tengo mi propia voluntad». Una manera de demostrar que existe con independencia de sus padres.

Decir «no» es reafirmarse

En una segunda etapa, la oposición del niño deja de ser puramente verbal. Se opone con los actos, llegando a una prueba de fuerza si es necesario. Cualquier mamá que a las ocho de la mañana, presionada por marcharse al trabajo, haya intentado vestir al niño de dos años que no piensa más que en correr desnudo por la casa, entiende a la perfección lo que digo.

Las prohibiciones de seguridad

La etapa del no es tan penosa con algunos niños pequeños que los padres pueden sentirse tentados a ceder y renunciar a imponer su voluntad. Hacer intentos de flexibilidad y no transformar todo en relaciones de fuerza es ciertamente una buena idea. Evitar una crisis es ganar un poco de paz. Pero el niño debe también aprender a plegar su deseo a tu voluntad, sobre todo cuando se trata de prohibiciones relativas a su seguridad. Está fuera de lugar pedirle su aprobación para tomarlo de la mano al cruzar la calle o para que no juegue con los aparatos eléctricos.

Explícale la noción de peligro, que se trata de protegerlo, y no discutas.

Como decía precisamente una mamá, existen los pequeños noes, sobre los que es posible negociar, y los grandes noes, que son para aplicar tal cual, tanto si no han comprendido muy bien por qué como si es frustrante.

Conozco a la pequeña Ángela, que prefiere desencadenar sus crisis en público, en la calle o en el supermercado... A causa del deseo de afirmar su personalidad, todavía incapaz de controlarse, el niño, en determinados momentos, se transforma en un monstruo colérico e insoportable.

¿Cómo se sale de esta situación?

He aquí algunas pistas que puedes explorar...

- Intenta respetar profundamente el nacimiento y la expresión de esta nueva personalidad, aunque te resulte inquietante. La crisis pasará más pronto con suavidad y no de forma severa.
- El niño tiene necesidad de saber que frente a él hay un adulto firme, seguro de sus convicciones, pero no severo. Por tanto, es bueno mostrarse intransigente sobre los puntos esenciales, pero, por lo mismo, saldrás ganando con prohibir solo las cosas importantes. Para el resto, haz pruebas de flexibilidad y negocia.
- No le agobies, no le hagas jamás perder prestigio en público. Siempre será mejor buscar una solución «sin perdedores». «Tienes razón de querer esa piruleta, tiene una pinta deliciosa, pero te la daré después de la comida». «Comprendo que no quieras dejar tus juegos para venir al baño, pero pondré la alarma del reloj para dentro de diez minutos, y vendrás cuando suene».
- No discutas con los más pequeños. Tómalos suavemente de la mano y, charlando, llévalos donde desees, a la mesa o al baño.

Una pequeña palabra muy a menudo escuchada

Si dice que no, es porque esta palabra la ha oído muy a menudo. La fase exploratoria en la que ha entrado acarrea una multiplicación de prohibiciones y de rechazos. La palabra «no», a la que los mayores tienen tanto afecto, que tiene el poder de detenerlo en sus arranques, va a correr por su cuenta.

Trata de ser más positivo en tus expresiones y tu niño te imitará. En lugar de: «No te salpiques con el agua», intenta decir más a menudo: «Seguro que es divertido para ti, pero es preciso que te pase la esponja, así que necesito que dejes de salpicar». En todos los casos, paciencia y suavidad, voz calmada y decidida son tus mejores triunfos. Ya verás cómo todo se arregla en unos cuantos meses.

No digas muy a menudo «No»...

... si no deseas que tu niño lo repita a su vez a la menor ocasión. Darle en las manos es también una buena manera de controlar un poco su impulso de hacer tonterías.

No preguntes...

... a tu niño de dos años si quiere venir a tomar su baño. Dirá que «no». En cambio, dile con un tono afirmativo y alegre: «Ahora vamos a tomar el baño, ven rápido, lo pasaremos en grande».

Recurre al humor

¿Tu niño adora el humor? ¿Se opone por sistema? Intenta esto:

«Esta noche te prohíbo lavarte las manos. Reír también está totalmente prohibido».

Cómo evitar las trifulcas en la mesa

Un niño que come su puré de verduras no solo recibe alimento. Recibe también amor, educación, instrucción, cultura. A través de las comidas, se forma y aprende a comunicarse con los otros. Una mamá que ha preparado amorosamente un delicioso platito, equilibrado y alimenticio a la vez, le da tanto afecto como alimento. Por eso los rechazos alimenticios del niño son tan mal recibidos por los padres. Una madre que siente que ya no «nutre a su niño» se inquieta pronto por su pequeño. No entiende que su pequeño no pase hambre. Entiende que puede ponerse enfermo. Ella lo obliga, él se bloquea. Todos los ingredientes del problema están presentes.

Hacerle comer a cualquier precio

Los padres usan una gran cantidad de energía para obligar a comer a unos pequeños obstinados y en plena salud. Emplean la seducción («Una cuchara para papá...»), el chantaje afectivo («Con lo que me ha costado preparar esta sopa»), el juego («Oh, el avión que va a aterrizar») y la amenaza («Si no comes, te quedarás pequeño y delgado») por un resultado muy a menudo mediocre: una media hora suplicando en la mesa, un conflicto encubierto y tres pequeños guisantes ingeridos después de todo...

A unos niños les gusta comer; a otros, no. Algunos son golosos, o sibaritas; otros se aburren por el simple hecho de venir a la mesa. Algunos son grandes; otros, delgados... Pero ninguno, nunca, se ha salvado del riesgo de morir de hambre por un padre valeroso que lo fuerza a terminar su plato.

No forzar jamás

Es la regla básica. La alimentación es un dominio frágil, al cual llegan fácilmente las dificultades que no tienen nada que ver con ella. El rechazo inicial ante la insistencia de los padres se puede hacer crónico. Lo contrario desemboca casi siempre en un conflicto y en la instalación de rechazos que no eran antes sino excepcionales.

El mecanismo es simple. El niño se da cuenta enseguida de que su mamá ve muy mal sus rechazos alimenticios

¿50% de niños subalimentados?

Un reciente sondeo lo demuestra: la mitad de los padres están convencidos de que su niño no come bastante, incluso de que no come «nada». Lo cual contradice todos los estudios sobre la salud de los niños. La prueba de que un niño ha comido bastante no es que termine por comer de mala gana 50 gramos de pescado y su puré de apio, sino que tenga buena salud, esté vivo, activo y que crezca bien.

Una alimentación equilibrada

En teoría, al niño se le debe ofrecer una alimentación variada y rica, que le dé acceso a sabores y sustancias diferentes... Pero a algunos no les gusta la variedad, y la gama de lo que aceptan para comer es muy limitada... Tanto peor. Durante un tiempo, una alimentación repetitiva pero equilibrada servirá.

y sus enfurruñamientos sobre las judías verdes. Comprende que dispone de un medio maravilloso para atraer la atención, hacer durar la comida y mantener la presión sobre su entorno. A la inversa, cuanto menos insistamos, más será la comida un momento sosegado, de placer compartido, y mejor evolucionarán las cosas.

Respeta su apetito

El apetito de un niño pequeño varía mucho de un día a otro. Puede no querer comer nada el lunes y, sin embargo, comer como un ogro el martes. Algunos tienen necesidad de muchos aportes nutritivos, otros crecen con muy poco. Sólo el niño conoce sus deseos y sus necesidades. El único criterio es el de su salud. Si el pediatra te dice que el niño crece normalmente, no tengas entonces ninguna inquietud.

Se habla mucho, desde hace algunos años, del aumento del número de niños y adultos obesos. Uno de los tratamientos consiste en enseñar a las personas a recobrar sus sensaciones naturales: comer cuando se tiene hambre.

Flexibilidad

Un día, el apetito del niño y su ritmo alimenticio se van a estabilizar. Entretanto, hacer demostración de flexibilidad es lo más inteligente. Flexibilidad no es laxitud: no se trata de dimitir totalmente y dejar al niño comer lo que desee cuando quiera. Se puede encontrar un equilibrio, entre forzar y aceptarlo todo, a través de estos consejos:

- Un niño que ha comido bien a mediodía en la guardería o en la escuela puede tener menos necesidad de una gran comida por la noche.
- Lo que el niño tiene ganas de comer varía según su humor, según los días, más aún que según sus gustos. Inútil predisponerse: probablemente tendrá ganas por la noche de lo que ha rechazado a mediodía.
- Será mejor servir pequeñas cantidades de comida en el plato, a la espera de servir de nuevo al niño. Un plato muy lleno cuando uno no tiene hambre resulta descorazonador.
- Con los dedos o con su cuchara, lo esencial, durante algunos meses, es que coma totalmente solo y con placer. Tendrá que reemplazar la sopa y el puré por los pequeños trozos de verduras fáciles de coger.
- Si tu niño ha rechazado el pastel de espinacas, evita compensarlo enseguida con un paquete de patatas fritas y un yogur de albaricoque... ¿No ha querido comer? ¡Ya se recuperará en la siguiente comida!

Comer en calma

Un niño pequeño comerá mejor en un lugar tranquilo, a horas relativamente regulares, según una rutina establecida. Si los horarios de cada uno lo permiten, el niño tendrá su lugar en la mesa familiar y será animado a comer como todo el mundo. Si come solo antes que los demás, un pequeño juguete le hará mejor compañía que un televisor encendido...

¿Y la comida rápida?

No te culpabilices por haber llevado a tu niño pequeño a comer una hamburguesa y fritos con sus hermanos mayores. Alguna vez, esporádicamente, no es tan malo este tipo de comida. Además, te tranquilizará ver a tu niño devorar con buen apetito. Por último, compartir «la comida placer» es también la ocasión para vivir juntos un buen momento, cálido y en complicidad.

El niño que extraviamos...

Una experiencia aterradora...

Pregunta a los adolescentes alrededor tuyo; todos recuerdan haber escapado a la vigilancia de sus padres por lo menos una vez y haberse encontrado solos en medio del gentío. Pregunta a los padres: todos han vivido un episodio paralelo. Perder a su niño es una de las experiencias más frecuentes, pero igualmente de las más aterradoras.

El niño, a menudo de tres a siete años, que se encuentra solo en un entorno desconocido puede sentir un gran sentimiento de angustia y abandono. Para los padres, es un momento terrible de pánico absoluto. Cada minuto sin noticias dura dos horas. Felizmente, la casi totalidad de los niños perdidos son encontrados sanos y salvos poco después. Sin embargo, más vale evitar esta situación, si podemos, y saber cómo reaccionar si esta llega.

Los lugares y las situaciones «arriesgadas»

Las situaciones «con riesgo» son conocidas: son todos los lugares donde hay multitud, cuando estimulan la curiosidad del niño, o cuando los padres tienen las manos ocupadas o la atención en otra parte.

Citamos, por ejemplo, el centro comercial (sobre todo el sábado o durante las navidades), el parque de atracciones, el mercado o el supermercado, etc. Tratar de evitar al máximo estas situaciones no protege del todo.

Pero, en tal caso, ¿cómo preparar al niño si se encuentra separado de nosotros? No se trata de asustarlo sobre los peligros, sino de ofrecerle una estrategia a la que recurrir si es necesario.

Una preparación a largo plazo...

Incluso desde muy pequeño, un niño puede aprender de memoria su nombre, su dirección y su número de teléfono. Con esto, nunca estará del todo perdido...

Desde que sea capaz (a menudo más pronto de lo que uno cree), podemos enseñar a un niño pequeño a telefonear.

No tengas miedo de entrenar a tu niño como si se tratara de un juego, hasta que estés segura de que domina el

Uno se pierde también en su propio barrio

Muchos niños se pierden en su propio barrio, en el camino a la escuela, en el parque o en los paseos. Para evitar esto, ayúdale a orientarse tanto tiempo como sea necesario: «Veamos, para ir a la panadería, torcemos en la esquina de la calle, luego pasamos delante de la farmacia...». Conviértelo en un juego: «Esta vez soy yo quien te sigue: tú me guiarás hasta casa».

Cuando reencuentras a tu niño...

Tu niño ha tenido bastantes emociones como esta: no es el momento de disgustarse ni de hacerle reproches. Guarda tu lección para más tarde. Es justo el momento de hacerle un gran cariño y de saborear la alegría del reencuentro.

procedimiento. Repite el entrenamiento de vez en cuando para que no lo olvide.

El día del paseo...

- Viste al niño con un anorak o un jersey de color vivo, un gorro divertido...: llamará la atención más fácilmente entre la multitud y la gente lo podrá localizar antes si se extravía.
- Una mamá me cuenta que ella utiliza un pequeño silbato, colgado del cuello. Cuando no ve a sus niños, con tres pitidos breves los llama al orden y les indica la dirección a tomar para reunirse con ella. ¿Por qué no intentarlo?
- Desde la llegada a un lugar público, hay que prever un sitio de reunión. Elige el mismo cada vez que volváis a ese lugar, y repite cada vez: «Si nos separamos, nos reuniremos delante de la primera caja». Comprueba que tu niño sabe dónde se encuentra.
- Explícale a tu niño que puede pedir ayuda. Aunque casi toda la gente es honesta y de buena voluntad, será mejor que se dirija preferentemente a un agente de policía o a una mamá con niños.

«¡Sobre todo, no cambies de sitio!»

Cuando el entorno sea desconocido por el niño o requiera un desplazamiento, la mejor consigna es: «Si nos separamos, quédate donde estás; soy yo quien vendrá a buscarte». En efecto, es mucho más complicado buscarse mutuamente, el niño corre el riesgo de alejarse mucho. No vaciles en repetir cada vez la misma consigna.

El día en que Catalina se encontró en un vagón del metro y se dio cuenta con horror de que Martín, de cuatro años, estaba todavía en el andén, se felicitó de haber sido muy clara: se bajó en la primera estación y cogió el metro en el otro sentido para encontrar a Martín, sentado en un banco, apenas inquieto. «Yo sabía que tú ibas a venir, así que no cambié de sitio».

Te cruzas con un niño perdido...

Te encuentras en el camino con un niño manifiestamente perdido. ¿Qué conducta hay que tener?

- Tranquiliza al niño verbalmente.
- Intenta que te diga su nombre.
- No lo lleves a ninguna parte (la madre va seguramente a volver sobre sus pasos).
- Envía a otro adulto a hacer un anuncio en el puesto de vigilancia para buscar a los padres.
- Si encuentras al niño en la calle, pregunta a los comerciantes más cercanos si lo conocen: si él es del barrio, es probable que alguno lo reconozca.
- Si es posible, quédate cerca del niño hasta que lleguen sus padres.

¡La curiosidad no es un mal defecto!

«¡Este "defecto" es una gran "virtud"!»

Mete la nariz en todos los cajones, manosea el televisor, saca las cintas de sus cajas, observa a las hormigas, registra el bolso, quiere saber lo que ve escrito, pregunta de dónde vienen las nubes... ¡Su curiosidad es agotadora! Sin duda. Pero resulta que este «defecto» innato, presente en todos los niños, es en realidad una cualidad maravillosa que hay que proteger a cualquier precio. Se trata de un profundo deseo de aprender, de explorar, de conocer, de crecer y de progresar. También forma parte del esfuerzo para alcanzar una meta fijada.

Los adultos «modelos»

El niño es naturalmente curioso y se maravilla de todo. Aprende deprisa. Depende de aquellos que lo rodean que el niño se despierte al mundo y se forje un temperamento de explorador. Todavía debe mostrarse a sí mismo curioso, motivado, entusiasta y abierto.

El bolso de mamá

¿Qué hay más atractivo que esta magnífica caja de tesoros donde mamá guarda cosas tan maravillosas como sus llaves, su teléfono móvil, su lápiz de labios, sus monedas...? El contenido del bolso de mamá, tan variado, es un arrobamiento para todos los sentidos. ¡Qué de objetos a descubrir, manipular, vaciar! Sumergirse y explorar, esperando sin duda descubrir un poco del poder mágico de los adultos.

Una inteligencia concreta

Un espíritu científico que se desarrolla...

El niño pequeño aprende jugando, pero también ejercitándose y actuando espontáneamente sobre los objetos. Este acercamiento directo, base del espíritu científico, explica que él sea un «tocalotodo». Las actividades guiadas por la curiosidad juegan un papel importante en el desarrollo de la inteligencia. Mientras más variadas ocasiones tenga el niño de ejercitar sus capacidades, mejor las desarrollará. Aquí radica la importancia de ponerlo en contacto físico con objetos diferentes, con lugares, con experiencias: llevarlo al mercado o al lugar de trabajo de los padres, confiarle un destornillador o un rastrillo, domesticar un conejillo de Indias o plantar perejil, probar un plato exótico o desmontar juntos una linterna. Esta curiosidad, este impulso vital, conducirá al niño al descubrimiento de la lectura, de la escritura y de todos los conocimientos.

... y evoluciona con la edad

Desde la edad de un año, la curiosidad estimula al niño a desplazarse y explorar. Se apasiona mucho con los pequeños objetos, los insectos minúsculos, los granos de polvo... Las puertas del armario ejercen sobre él un atractivo evidente, así como hacer el inventario de su contenido.

Hacia los tres años, el niño tiene una necesidad real de tocar: conoce con sus manos, su boca y su olfato tanto como con sus ojos. Pedirle que «mire sin tocar» es un insulto a su inteligencia. Su campo de descubrimientos, su «lugar para la aventura», no se limita solo a la casa y a las maravillas que encierra: ama los parques, los bosques, las plantas acuáticas, los animales.

A la edad de la escuela primaria, el niño está a punto para todos los descubrimientos y todas las aventuras.

Un comportamiento para estimular

Los padres tienen todo a su favor al estimular esta curiosidad, cualesquiera que sean los inconvenientes aparentes. Pero esto supone que ellos encuentran seguros los lugares que frecuenta el niño. Debe poder explorar sin riesgo para él, para los otros y para los objetos preciosos. Nada peor que el niño a quien se le grita sin cesar: «¡No..., no toques eso..., deja ese libro..., no hagas eso...!».

No se trata de dejar al niño tocarlo todo. Es inevitable prohibirle todas las manipulaciones o las exploraciones que pudieran ser peligrosas: los aparatos eléctricos y los productos de limpieza, entre otros, deben mantenerse estrictamente fuera de su curiosidad. Es también totalmente legítimo querer preservar la cadena estéreo o los papeles personales, prohibiendo firmemente el acceso a unas pequeñas manos en pleno paseo.

A cada padre le toca definir sus prohibiciones, que deberán ser clara y sistemáticamente recordadas. Mientras menos numerosas sean, más fácil será que se respeten. Más valdrá disponer temporalmente el espacio familiar en función de la edad del niño... y guardar el jarrón chino arriba del todo en el armario.

Muchas «bagatelas» para manosear

Para compensar todo aquello que está prohibido tocar, es bueno dejar a disposición del niño una cantidad de pequeños objetos, frecuentemente renovados, en una cesta o un cajón bajo, a los cuales tenga acceso libremente: pedazos de tela, utensilios de cocina, cajas de huevos, llaveros, papel de embalaje, catálogos viejos, pinzas de la ropa, calcetines o manoplas de bebé, guantes de goma, etc.

El niño también tiene ganas de explorar nuevos asuntos y meter las manos en la tierra, el barro, la arena: todo aquello que su madre encuentra sucio y que él adora. Autorizarlo a ensuciarse es también respetar su desarrollo. Más tarde querrá trepar a los árboles para mirar los nidos, salpicar en los charcos de lluvia o tenderse en la hierba para observar a las mariquitas, etc.

A los padres les toca apoyar al niño; a este, escoger libremente sus centros de interés.

Superideas de paseos para pequeños curiosos (a partir de los tres años)

- Visita a un faro, a un museo de transportes o de juguetes, a una granja, a una reserva de pájaros, a un cuartel de bomberos, a un acuario.
- Visita a diversas fábricas (de bombones, de papel reciclado, de cristal, de perfumes...), a una imprenta, a un periódico, a una radio o a una televisión, a artistas o artesanos a quienes puedan ver trabajar (soplador de vidrio, alfarero, cestero, pintor, apicultor, panadero, marinero-pescador, viticultor, joyero u orfebre...).
- Asistir a un concurso de animales, a una regata, a una carrera de caballos, a un carnaval, a una competición.
- Probar a pescar, remar, hacer volar la cometa, ordeñar una vaca, escalar.
- Dibujar o pintar un paisaje del natural.

Cómo responder a sus «¿por qué?»

Una inteligencia que se abre al mundo

Tan pronto como el niño comienza a manejar bien el lenguaje, está listo para descubrir el mundo y saber cómo funciona. Sus preguntas se encadenan unas a otras hasta el agotamiento de los padres. ¿Cómo encontrar las palabras para hacer comprender las nociones a menudo complejas? ¿Cómo no cansarse de este intercambio permanente que pide el niño?

Tal vez nos olvidamos de que las preguntas del niño testimonian su nivel de reflexión y de evolución interna. Las respuestas de los adultos que sepan satisfacer y relanzar su curiosidad favorecerán el conjunto de su desarrollo.

¿Y si decimos un disparate?

Todo es recuperable. Si cuando muere su abuelita, tu niño te pregunta: «¿Dónde está mi abuelita, mamá?», y tú has respondido: «Está dormida y no se despertará», puede que hayas constatado que tu niño, después, tiene cierta reticencia en ir a acostarse... Retoma el asunto con él, a fin de explicarte mejor: «No, la muerte no es como el sueño, y puedes dormir tranquilo».

¿Y si no sabemos?

Y llega el día en que uno desciende de su pedestal... Una pregunta que dejas sin respuesta: tal vez esté ahí la ocasión de empezar a desengañar a tu niño. ¡No, no sois perfectos, ni los más fuertes, ni los más guapos, ni los más ricos... ni omniscientes! Sois tan solo unos padres como los otros, y tenéis derecho al error, a la ignorancia y al cansancio.

La manera de responder tiene su importancia

Encontrar las palabras adecuadas para responder no siempre resulta fácil. He aquí algunos consejos que te ayudarán a atravesar mejor el período de los «¿por qué?».

- Responde de forma breve, concreta, con palabras simples que el niño conozca. Las respuestas demasiado largas lo cansan enseguida. El nivel de la respuesta depende con seguridad de la madurez del niño. Si quiere más detalles, lo preguntará o bien volverá otro día sobre el mismo asunto.
- Manifiéstate siempre contenta de compartir con él tus conocimientos.
- No te burles jamás de la ignorancia del niño, ni de sus falsos conceptos: pon en tus respuestas la misma seriedad que el niño pone en sus preguntas.
- No te creas obligada a saber responder a todo. «No lo sé» es una respuesta aceptable cuando no es sistemática. Puede incluso ser formativo para el niño saber que sus padres tienen aún cosas por descubrir. En tal caso, podemos buscar juntos la respuesta en la enciclopedia o preguntar a alguien que pueda saber la respuesta.

Hay que tener en cuenta la edad del niño

Con los más pequeños, suele ocurrir que la «máquina de preguntar» se embala y se convierte en un juego al que no podemos responder más. El niño ha encontrado una manera de atraer la atención o de retrasar el momento de acostarse. Encadena los «¿por qué?» sin siquiera escuchar las respuestas, hasta llevarlas al absurdo. Tienes todo el derecho de decirle: «¡Para ya! ¡Las siguientes preguntas, para mañana!».

Cuando el niño crece, muchas de sus preguntas van a ganar en profundidad y en madurez. Se van a referir a la muerte, la sexualidad, el divorcio, Dios. Una sola consigna: no mientas jamás. No lo digas todo, dilo con palabras sencillas, pero di la verdad. La confianza que tenga en ti depende de esta sinceridad.

¿Qué hacer con las preguntas delicadas?

Algunas preguntas son incómodas, pero no por ello menos legítimas. Muchas tratan de la sexualidad. La televisión y la escuela ponen al niño en contacto con las realidades que tú habrías preferido abordar más tarde. Pero está en edad de preguntas, también lo está en la de respuestas. Tanto mejor si prefiere informarse contigo. Dale tu explicación incómoda con simplicidad. Algunos libros muy bien hechos para niños ayudan a abordar con ellos las cuestiones delicadas.

Es siempre interesante aprovechar la ocasión de esta curiosidad para intentar comprender cuáles son los conceptos del niño y qué ideas puede forjarse en su imaginación. Por esto, antes de responder, entretente un poco en descubrir lo que el niño tiene en la cabeza. «Y tú, ¿qué piensas?». «¿Cómo crees tú que va a salir el bebé?». Y luego: «Sí, es una idea, pero las cosas son un poco distintas...».

Respuestas relativas y respetuosas

«Yo pienso así, pero otros piensan de otra manera. Y tú, ¿qué piensas tú?». Esta es una respuesta importante para el niño, porque determina lo que pertenece al orden de la creencia y no del conocimiento, como la moral personal, el sentido de la muerte o la existencia de Dios. Es una respuesta que incluye al niño en la cultura familiar, pero que también le deja la posibilidad de reflexionar por su parte para forjarse sus propias ideas. Te estará agradecido, en la adolescencia, de haberle transmitido aquello en lo que tú crees dentro del respeto a su propia inquietud.

En resumen, sé sincera, disponible, simple, libre de decir a veces: «Para eso no tengo respuesta. Tú tendrás que encontrar la tuya».

¿Y tú, qué habrías respondido?

- «Di, mamá, ¿por qué los aviones no se caen?».
- «¿Por qué las hojas se vuelven rojas?».
- «¿Por qué yo soy una niña y no un chico?».
- «¿Por qué la mosca se mueve tanto?».
- «Papá, ¿tú también tienes un pajarito?».
- «¿Por qué hace tanto frío en el refrigerador?».
- «¿Por qué es azul el cielo?».
- «¿Cómo es cuando uno se muere?».
- «¿Por qué se ha roto mi camión?».
- «¿Cómo es que yo puedo oírte por el teléfono incluso si no estás ahí?».

Tiene un defecto de pronunciación

«¡Martín tiene un gatón!». «¡Yo quiero un pego!». A los tres años puede ser gracioso. Los padres constatan divertidos que su benjamín ganguea, ellos lo imitan riendo o le reprenden vagamente, convencidos de que se trata de algo pasajero. Pero este no es siempre el caso: llega el momento en que el problema, por el contrario, se mantiene o se agrava. ¿Por qué algunos niños pronuncian bien y otros no? ¿Cómo podemos intervenir? Todo depende del tipo de defecto; vamos a verlo.

¿Cuándo consultar al logopeda?

La mayor parte de los problemas tienen todas las posibilidades de desaparecer si uno deja que la palabra del niño evolucione naturalmente. Inútil, por tanto, en los casos más corrientes, intervenir demasiado pronto. Pero si se espera demasiado, el problema puede hacerse más complejo.

Por ello aconsejamos en general comenzar por un chequeo y, en caso necesario, empezar la reeducación hacia la edad de cuatro años y medio a cinco. Esto proporciona el plazo de un año para arreglar las cosas antes de la entrada a la Educación Primaria. No hay que olvidar que el dominio de lo oral da un máximo de oportunidades al niño para abordar lo escrito. Sin embargo, en caso de problemas de pronunciación serios o de un retraso del lenguaje importante, puede ser útil hacer un chequeo a la edad de cuatro años.

Consejos generales que han dado buenos resultados

Para el niño «aprendiz de hablador» (entre los dieciocho meses y los cuatro años):

- Habla a menudo con tu niño, con voz clara y con palabras simples, de cosas que le conciernen directamente. Nombra sus experiencias y coméntalas.
- Tómate el tiempo de escuchar a tu niño y esfuérzate en comprenderlo, incluso si es difícil. Hazle preguntas cuya respuesta no sea «sí» o «no», para incitarlo a expresarse.
- Léele con regularidad pequeñas historias, jugando con la voz para «encontrar el tono».
- Presta atención al menor fallo auditivo de tu niño (en caso de duda, haz que le controlen la audición).

La actitud frente a un niño más grande, de tres o cuatro años, que tiene un defecto de pronunciación es igualmente muy importante:

- No te burles jamás de tu niño, ni te rías de él.
- No te pongas a hablar como él, pensando que así te comprenderá mejor (por ejemplo, «biberón» convertido en «bibón»).
- No le hagas repetir las palabras hasta que las pronuncie correctamente. Tendrá la impresión, y con razón, de que te preocupas menos de lo que dice que de la manera como lo dice.
- Conténtate con repetir, en tu respuesta, la formulación o la pronunciación correcta. Así, él registrará cada vez, de manera indirecta, la buena forma de articular la palabra.

El problema de la articulación

Se trata de una deformación fonética sistemática (el niño cecea o suprime la «r», por ejemplo). Este problema es común y frecuente hasta la edad de cinco años: será inútil preocuparse, salvo en los casos graves. A veces remite espontáneamente, otras permanece. Sobrevenido desde las primeras palabras del niño, el ceceo es a menudo debido a una simple exploración de diferentes sonidos, pero también puede tener razones anatómicas (volumen de la lengua, succión del pulgar, malformaciones dentales).

Un problema de la articulación, si es aislado, es benigno. Con tratamiento, remite fácilmente. El objetivo de la reeducación logopédica consiste en lograr los movimientos correctos de los órganos de la articulación: lengua, labios... Esto se hace por medio de pequeños juegos de lenguaje y de ejercicios progresivos.

El retraso de la palabra

Aunque tiene tres años y medio o cuatro, el niño continúa «hablando como un bebé». Se le comprende mal porque se salta las sílabas, sobre todo al final de las palabras, y a menudo articula mal las consonantes. Pero su nivel de vocabulario es correcto. El niño no habla siempre así, pero su defecto se agrava en determinadas circunstancias o cuando está cansado. Las causas del retraso de la palabra son variadas: el niño pequeño no hace ningún esfuerzo, porque todo el mundo en la casa comprende perfectamente su galimatías; los padres ponen toda su atención para que el niño hable, lo cual transforma esta presión en ansiedad; el niño es muy atrevido, activo, se interesa poco por el lenguaje; se trata de un benjamín al que nadie tiene ganas de ver crecer demasiado rápido. A menudo, las compañías escolares mejoran mucho las cosas, porque el niño tiene necesidad del lenguaje para encontrar su lugar.

En caso de duda, un chequeo logopédico sobre las capacidades y adquisiciones del niño determinará si tiene necesidad o no de una reeducación. Esta abordará diferentes puntos: una sensibilización a los sonidos de la palabra, a sus ritmos, así como el reconocimiento del ruido hecho por cada sonido.

La conquista del lenguaje es un largo camino, a menudo lleno de obstáculos. Si dudas sobre la capacidad de tu niño para superarlos, no vaciles en pedir los consejos de un especialista. La mayoría de las veces, él te tranquilizará y podrás esperar en calma que el tiempo haga su trabajo.

Aprender a hablar, una sucesión de etapas

- Hacia el primer año, el niño posee una decena de palabras y «jerga» imitando su entorno.
- Hacia los dos años, el niño utiliza una media de doscientas palabras, que asocia de dos en dos o de tres en tres, sin pronombres ni artículos.
- Hacia los tres años, el lenguaje se enriquece mucho, la pronunciación es más clara y el vocabulario alcanza alrededor de las 2.500 palabras.
- Hacia los cuatro años, el niño dice «yo» y accede al lenguaje adulto. Sabe hacer preguntas y describir una imagen.
- Hacia los cinco años, el niño utiliza matices, palabras de enlace, comparativos, proposiciones relativas. Puede prescindir de toda ayuda concreta para comunicarse. Aunque aún existan ciertas imperfecciones gramaticales, el niño estará muy pronto listo para la escritura.

¿Puede un niño aprender dos idiomas simultáneamente?

Un niño bilingüe, ¿qué es eso?

El bilingüismo se refiere a dos tipos de niños: los que hablan en dos idiomas desde edad muy temprana y aquellos que comenzaron a hablar en una lengua distinta a la del país (o, por lo menos, de la escuela) donde se encuentran.

En el primer caso, el niño ha nacido de padres que hablan cada uno una lengua diferente y cada uno ha hablado en la suya al bebé.

En el segundo, el niño ha nacido de una familia inmigrante donde «la lengua de dentro» (aquella que se habla en la casa) no es la misma que «la lengua de fuera» (aquella que se habla en la calle o en la escuela).

El bilingüismo, un triunfo

En muchos países y en muchas épocas, los niños eran, o son, culturalmente bilingües: los pequeños catalanes, por ejemplo. España tiene la suerte de que en muchas de sus comunidades autónomas se hablan dos lenguas oficiales. El bilingüismo es un triunfo. Esto es lo que han comprendido bien los padres que llevan a sus niños a una escuela bilingüe y organizan muy pronto los viajes al extranjero. Saben que, mientras más joven sea el niño, más facilidades tendrá para adquirir una segunda lengua.

Una desconfianza normalmente injustificada

Hace tiempo que la imagen del bilingüismo es negativa. Se le acusa de ser fuente de confusión y de retraso escolar. Así, en numerosas familias inmigrantes, los padres tratan de hablar español pensando que utilizar la lengua materna será una desventaja para los niños. Estudios recientes demuestran que no es así: un buen dominio de una primera lengua no tiene efectos negativos sobre el aprendizaje del español ni sobre la escolaridad. Hablar varias lenguas correctamente es un triunfo en la existencia.

¿Hablas a tu niño en dos idiomas? Algunos consejos prácticos

- Es conveniente que uno de los idiomas sea el dominante sobre el otro. Es aquel de los mimos, de la ternura; aquel en el cual se sueña. Es la lengua materna.
- Si los padres son de lenguas maternas distintas, es aconsejable que cada uno hable al niño en su propia lengua y que escojan la lengua común que será utilizada en las conversaciones familiares.
- Hay que dejar al niño, cuando hable, elegir el idioma en el que desea expresarse.
- Si la lengua de la familia no es «la lengua de fuera», es importante siempre valorar la primera, para que el niño no se sienta tentado de renunciar a su cultura de origen para adoptar su cultura de acogida, lo cual no se hace jamás sin sufrimiento ni sin consecuencias para el desarrollo lingüístico del niño.

Observamos a veces un retraso en el lenguaje

Un niño al que le hablamos en dos idiomas hablará a menudo más tarde que los otros niños, pero terminará por hablar los dos idiomas sin mezclarlos. En algunos casos, los niños, al llegar a la Educación Primaria, parecen pasarlo mal al pasar a la escritura y experimentan una cierta confusión. Puede ser deseable consultar entonces a un logopeda o un psicólogo, que aclarará, junto con el niño, los roles y los significados de cada idioma. En general, un aprendizaje bilingüe transcurrirá tanto mejor si cada adulto habla siempre al niño en el mismo idioma, el suyo.

Los niños inmigrantes

El bilingüismo es positivo para el niño, es fuente de riqueza, si los dos idiomas son valorados en la familia y si el niño no reniega de ninguna de las dos culturas que sus idiomas transmiten. En este caso, el segundo idioma es una herramienta de pensamiento suplementario y una fuente de progreso. En represalia, si el idioma de base, acompañado de sus valores socioculturales, es rechazado en beneficio de un segundo socialmente más prestigioso, el niño estará inmerso en una inseguridad y una confusión que pueden obstaculizar los progresos en ambos idiomas. Este hecho debe ser conocido por todos aquellos que acogen niños inmigrantes en las escuelas infantiles y que tienen por tarea enseñarles el nuevo idioma. Valorar la lengua materna es el primer paso, fundamental, si queremos que el niño se desarrolle armoniosamente en el plano lingüístico y no se encuentre, de esta forma, con el fracaso escolar.

Todos somos bilingües

En conclusión, consideremos este hecho: todos somos bilingües. Nuestra madre no habla exactamente el idioma de nuestro padre. Cada uno tiene su acento, su vocabulario, sus muletillas de lenguaje, según su cultura, su origen regional, su profesión (el profesor de idiomas no habla como el técnico, ni como el artesano, ni como el artista). Todos nosotros, confrontados a estas dos formas de lenguaje, no hablamos ni exactamente como el uno, ni exactamente como el otro. Y este bilingüismo de origen, más o menos marcado según el caso, esta escucha estereofónica, nos convierte en lo que somos, poseedores de una lengua y de un imaginario particulares.

El aprendizaje temprano de una segunda lengua

Se trata de cursos en una lengua extranjera (principalmente el inglés), organizados en un marco privado, con el propósito de hacer adquirir a los niños pequeños un lenguaje hablado diferente de su lengua materna, a una edad en la que las facultades de imitación permiten adquirir sin dificultad un acento y un vocabulario.

El aprendizaje se efectúa por un baño de lenguaje, a través de juegos colectivos, de canciones, de métodos audiovisuales y de actividades cotidianas compartidas. Estas clases extraescolares están destinadas a los niños a partir de los cuatro años, cuando la primera lengua está ya bien asimilada y el niño es capaz psicológicamente de participar en actividades colectivas.

El proceso es el mismo que para el idioma materno: cuando, gracias a este curso, el niño ha adquirido una cierta facilidad oral, la escuela coge el relevo para añadir el aprendizaje de la escritura.

¿Será zurdo mi niño?

Una inquietud paternal

El asunto de la mano dominante aún permanece, incluso si las actitudes educativas tienden a hacerse más flexibles, como uno de los que inquietan notablemente a los padres. El niño zurdo será mejor aceptado en una familia donde él no sea el único en tal situación. Por lo demás, esto suscitará siempre una ligera inquietud. ¿Y si vive siendo zurdo en un mundo hecho para los diestros, se le hará la vida más difícil? La sociedad no está hecha para los zurdos: ni los coches, ni el sentido de la escritura, ni los instrumentos de música...

¿Ser zurdo equivale a ser torpe? En ciertas actividades para las que se necesita una gran habilidad, como en el tenis, por ejemplo, descubrimos un número elevado de grandes campeones zurdos... Ser zurdo no perjudica en absoluto el desarrollo normal del cerebro.

Las actividades que deben evitarse

- Considerar que el ser zurdo es una desventaja que cae sobre el niño o, peor aún, un signo distintivo que lo hace un individuo aparte.
- Reprender al niño porque utiliza la mano izquierda y darle la impresión de que hace mal.
- Obligarlo a utilizar la mano derecha.

Una historia de familia...

Si los dos padres son zurdos, el niño tiene una probabilidad sobre dos de serlo igualmente. Si uno solo de los dos padres es zurdo, una probabilidad sobre tres. En cambio, si ninguno de los dos padres es zurdo, el niño no tiene sino una probabilidad sobre diez de llegar a serlo.

Los bebés ambidiestros

Esto es más complejo, sobre todo cuando el niño es pequeño. Algunos bebés continúan durante mucho tiempo utilizando indiferentemente las dos manos (si son ambidiestros); luego se harán diestros o zurdos, progresivamente. El dedo chupado puede dar una indicación, pero no es totalmente fiable.

Otros niños manifiestan muy pronto una preferencia clara por una de las dos manos y esta preferencia permanece definitivamente.

Otros, por último, van a servirse preferentemente de una mano durante algunos meses; después, de la otra. O bien preferirán la mano derecha para ciertas actividades y la izquierda para otras.

Para muchos niños, la lateralización definitiva no se adquirirá hasta los cuatro o cinco años.

Origen de la lateralización

La pregunta esencial de muchos padres de niños de uno o dos años es saber si su niño será zurdo y si conviene contrariar esta tendencia. Para responder, es necesario preguntarse qué significa ser zurdo y cuál es su origen.

En el verdadero zurdo, los hemisferios cerebrales tienen funciones inversas. Es el hemisferio derecho el dominante, responsable del lenguaje y de las grandes funciones, y no el izquierdo. Se comprende que contrariar un proceso neurológico que se instala progresivamente puede ser peligroso. Estos procesos son complejos y frágiles: más vale respetarlos antes que correr el riesgo de problemas diversos. Muchos estudios han demostrado, en efecto, que las dificultades ulteriores de lectura, escritura, lenguaje y motricidad global (facilidad para servirse del cuerpo) pueden estar vinculadas a un mal desarrollo de la lateralización.

¿Por qué se es zurdo?

Las opiniones están repartidas y el misterio permanece parcialmente. Para la mayoría de los especialistas, el componente hereditario o, al menos, congénito es innegable. Uno nace zurdo o diestro y así se queda. Pero otros insisten más sobre los componentes medioambientales y especialmente sobre la influencia de la imitación y sobre el papel de la educación.

¿Cómo identificar al niño zurdo?

Entre uno y dos años de edad es demasiado pronto para pronunciarse de manera definitiva. Para los niños fuertes y precozmente lateralizados, tendremos que estar atentos a los índices siguientes:

- ¿Qué mano utiliza el niño para las tareas que requieren precisión (atrapar objetos pequeños, colocar cosas en equilibrio, etc.)?
- ¿Con qué pie golpea el balón?
- ¿Qué oído acerca espontáneamente para escuchar un pequeño ruido (despertador, concha marina, etc.)?
- ¿Cuál ojo coloca en el papel enrollado en forma de catalejo?

Estas preguntas dan los índices que ayudan a comprender si el uso del lado izquierdo que se manifiesta concierne solo a la mano o si, más importante, engloba todo el cuerpo.

¿Qué actitud ha de adoptarse?

Lo mejor que se puede hacer es dejar al niño que utilice libremente la mano que él desee. Si emplea sus dos manos indistintamente, es posible favorecer el empleo de la mano derecha alcanzándole por ese lado el lápiz, la cuchara o el juguete, a fin de desarrollar un hábito y una habilidad mayores, y dejar libre al niño para los otros detalles de la vida cotidiana. Pero si el niño cambia el objeto de mano porque se siente más cómodo con la izquierda o si la emplea espontáneamente, será conveniente dejarlo hacer. No hay mano buena ni mano mala. ¡El niño debe ser respetado en su singularidad, sobre todo si es el único de la familia que se manifiesta como zurdo!

El efecto espejo

Se sabe que el bebé aprende por imitación. Lo más frecuente cuando se juega con él es situarse enfrente; uno se sienta frente a él para jugar, para hacerle comer, para ayudarlo a arreglarse. Un padre diestro utiliza su mano derecha para coger la cuchara o el lápiz. El bebé, enfrente, como en un espejo, hace otro tanto, pero con su mano izquierda.

¿A qué edad conoce su derecha?

A los seis años, el control de la lateralidad forma parte de la exploración psico-pedagógica. Constatamos que a esta edad, el 86% de los niños son capaces de identificar su mano derecha o su pie izquierdo. Pero no son más del 34% los que pueden hacerlo sobre una persona situada frente a ellos.

ju

libros

gruñón

muñecas

gar

sexualidad

No sabe jugar solo

Tiempo para sí mismo; esto es indispensable

Todos los niños pequeños necesitan la presencia de los adultos para jugar con ellos. Pero también necesitan tener un tiempo para ellos mismos, al margen del tiempo compartido. Estos momentos solitarios son importantes para acostumbrarse y asimilar las nuevas competencias adquiridas, así como para volver a jugar y darle sentido a lo que han vivido durante la jornada. Sin embargo, algunos niños reclaman sin parar una presencia o una intervención y parecen incapaces de jugar solos, lo que termina por ser agotador para los padres.

Incluso si afirma en voz alta y fuerte: «Yo solo», cuando se le va a ayudar, Máximo, de tres años, se manifiesta aún muy dependiente en el terreno de sus actividades. Sabina, su madre, se siente abrumada por sus exigencias permanentes. A ella le encantaría incitarlo a ser más autónomo, pero sin tener por ello que rechazarlo o causarle tristeza. ¿Cómo conseguirlo?

Tener un rincón para él

Si tu niño no tiene una habitación para él, ofrécele la posibilidad de tener un rincón personalizado, un espacio privado donde él se sienta en lo suyo, al resguardo de las miradas. Esto estimulará al niño a jugar solo. Anímalo a inventar, a hacer el paripé y a hablar solo.

Invitar a los amigos

El niño que no sabe jugar solo sabe a menudo organizar muy bien los juegos con uno o muchos otros, como lo ha hecho en la guardería o en el colegio. Invitar a sus amigos es una buena idea. Atención: ¡pueden armar mucho revuelo! Hay que elegir un día en el que no haya muchas cosas que hacer.

Comprender primero por qué a algunos niños les sienta mal jugar solos

Si el niño siente que no ve bastante a sus padres

Si tiene la impresión de que no juega ni comparte bastante tiempo con sus padres, el niño tenderá, cuando ellos estén ahí, a reclamar su intervención activa en todas sus actividades.

El término «bastante» es evidentemente difícil de evaluar: los niños tienen necesidades diferentes. Lo esencial es que el niño se sienta suficientemente amado y digno de interés. Que esté seguro de que sus padres estarán ahí cuando tenga necesidad de ellos, tanto cotidianamente como a largo plazo.

La falta de costumbre

Otra razón por la que los niños pequeños no saben jugar solos se encuentra en su forma de vida. Los que van a la guardería y luego al colegio tienen siempre alguien a su disposición para jugar con ellos.

En la guardería, las actividades son concebidas para el grupo, incluso cada niño puede unirse al mismo a su manera.

A cada minuto de la jornada se organiza alguna actividad, en la cual un adulto y sus compañeros están a disposición del niño para acompañarlo en su juego. Él espera encontrar lo mismo en su casa.

Un sentimiento de inseguridad

Por último, algunos niños, porque están atravesando un momento difícil, se sienten inseguros y exigen mucho la presencia del adulto. Con el tiempo, esta actitud se pasa si los adultos saben inspirar confianza al niño y tranquilizarlo sin mimarlo.

A continuación, escoger la estrategia

La segunda cosa que hay que hacer consiste en escoger, entre estas diferentes estrategias, aquellas que decidiremos aplicar, a fin de animar al niño a tener más autonomía en sus juegos.

- Definir uno o dos momentos de la jornada, por ejemplo, la noche, antes de acostarlo, en los que el niño sepa que tendrá tu atención completa para él solo y que podrá jugar contigo. Estos encuentros regulares, que formarán muy pronto parte de la rutina cotidiana, lo tranquilizarán y rápidamente serán muy importantes para él, compensando tu indisponibilidad. El niño los esperará con impaciencia.
- Si no estás disponible para jugar con tu niño en el momento en que te lo pida, enséñale a tener paciencia hasta que lo estés. Ofrécele, por ejemplo, un encuentro «después del baño» o bien pon el minutero en marcha. Pero cuando llegue la hora, ¡no faltes a lo prometido!
- Permite a tu niño llevar consigo un juguete, como, por ejemplo, un puzzle, e instalarse cerca de ti. Es muy frecuente que tenga necesidad de la presencia del adulto, pero no de su participación activa. Tranquilizado por estar a tu lado, podrá jugar un buen rato sin distraerte de tu ocupación.
- De la misma manera, puedes también iniciar «juegos» que no incomoden tus actividades. Por ejemplo, propón a tu niño dar el baño a su muñeco en la pila mientras tú preparas la comida, o mejor, organiza una «búsqueda del tesoro» (buscar los pequeños muñecos que hay escondidos) mientras tú trabajas.

Si el niño acepta progresivamente jugar solo, es porque se ha reforzado globalmente su sentimiento de independencia y seguridad interior. Por ello es importante animarlo, iniciando de vez en cuando la actividad con él, y estimularlo y felicitarlo cada vez que lo consiga.

El material a su disposición

Pon a su libre disposición muchos objetos que favorezcan la creatividad: papeles, lápices, colas, etc. Intenta además que muchos de los juguetes del niño sean de libre acceso. Puede también iniciar un nuevo juego en cualquier momento, sin tener necesidad de una intervención o de una autorización.

Los juguetes buenos para animarlo a jugar solo

- Los juguetes que permitan alcanzar un resultado «presentable» para mamá: el puzzle, el juego de construcción, los colores o el diseño, etc.
- Los juegos de imitación y de invención (muñeca, comiditas, cochecitos, etc.) requieren a menudo, para estarse quietos, intervenciones puntuales aunque breves.
- La casa pequeña (gran cartón acondicionado, debajo de la mesa, bajo una manta...).
- El ordenador: hoy día encontramos programas interactivos para los pequeños, incluso para los que aún no saben leer, muy bien hechos y que los cautivan por mucho tiempo.
- La televisión puede ser una solución para un momento en el que no nos podamos ocupar del niño. Hay que usarla con moderación, ya que favorece la pasividad.

Una muñeca es más que un juguete

En estos últimos años se han desarrollado muchas clases de muñecas y los materiales que las componen. Ahora son más variadas, más suaves, más blandas. Existe una muñeca para cada edad, para cada sexo, para cada ocasión.

Una muñeca para cada edad

Cuando nace un bebé, nos gusta poner en su cama los objetos más suaves, más blandos. Peluches muy flexibles, pequeños angelotes de trapo, muñecos de nailon ligeros como plumas... Desde muy pronto, el bebé podrá cogerlos entre sus manos porque son fáciles de sostener. Si él se duerme encima del muñeco, no se sentirá incómodo. Puede incluso ensuciarlo, ya que una pasada por la lavadora le dará ¡un aire de juventud! Estos objetos no son, hablando con propiedad, muñecas, y ningún deseo de realismo los anima, pero su papel es importante cerca del bebé, que siente placer al manipularlos.

Hacia los siete u ocho meses, el bebé atraviesa una fase que los psicólogos llaman la *angustia de la separación*. El niño a menudo se toma a mal quedarse solo en una habitación, o dormirse en su cuarto, y reacciona en cuanto su padre o su madre lo dejan con la cuidadora o en la guardería. Para sentirse más fuerte o para consolarse, el niño va a adoptar un objeto que llevará por todas partes y que lo protegerá de lo desconocido o de la pena.

Ese objeto suave, oloroso y querido puede ser una muñeca de trapo o un personaje de esponja, pero también un peluche, un trapo o cualquier otro objeto que el niño haya adoptado. La relación afectiva con este objeto o muñeco preferido será muy fuerte, pero también muy diferente de la que tendrá con la primera muñeca «de verdad».

La primera muñeca «de verdad»

La necesidad de esta comienza a dejarse sentir entre los dieciocho meses y los dos años, en el momento de empezar los juegos de imitación. La niña se interesa ahora por el cuerpo de la muñeca y es necesario que esta tenga ojos, nariz, manos y pies. Hacia los dos años, la niña se ocupa de su muñeca como de un bebé verdadero: la alimenta, la mece, la regaña, la acuesta, la mima. Hacia los tres años, no la dejará nunca.

¿Y si tu hijo te reclama una muñeca?

Ofrécesela sin inquietud. Sus razones para querer una muñeca pueden ser múltiples: el placer evidente que ve que las niñas pequeñas encuentran en este juego, el deseo de imitar a su mamá (o su papá) con él mismo o con el nuevo bebé... Puede que incluso, como hijo único, desee una compañía.

Lo que cuenta es que se sienta bien en tanto que niño y no con tal juego que sea específicamente de un sexo o de otro. Él aprende su futuro papel: ¿los nuevos papás no se ocupan de sus bebés? Pues dale un muñequito de sexo masculino, como él. Después de un tiempo, cambiará el pedido de un muñequito por el de figuritas con las cuales jugará largo tiempo, ejercitando su imaginación.

«Mi muñeca y yo»

Puedes ayudar a tu niño a estar más consciente de sus propias necesidades y de sus apetencias, a expresar mejor sus emociones, dirigiendo su atención sobre las de sus muñecas. «Tu muñeca puede que tenga hambre, ¿no crees? ¿Qué vas a hacer?». «Tu muñeca está desnuda, ¿tendrá frío?».

A través de todos estos juegos va a comenzar a conocer el mundo de los adultos. Le hace falta entonces una muñeca que parezca un verdadero bebé y que pueda manipular fácilmente, incluso con sus pequeñas y torpes manos.

¿Cómo elegirla?

Podemos escoger entre la muñeca clásica, la que recuerda a la misma niña, con el cuerpo de tela o de plástico, y la muñeca pequeña, más «bebé». Esta presenta la ventaja de poder acompañar sin riesgo a la niña en el baño y participar en sus juegos de chapoteo. La elección será buena si seguimos algunas simples reglas:

- Es necesario que la muñeca sea ligera y de una talla adaptada a la niña, como el bebé en los brazos de su madre.
- La niña apreciará que su muñeca tenga pelo, un semblante agradable y que cierre los ojos cuando duerma.
- Debe tener un manejo fácil: articulaciones flexibles, cómoda de vestir, que le sea posible sentarse.
- El precio corresponde a menudo a la calidad. Si deseas que la niña se pueda encariñar con su muñeca de forma permanente, escoge una que sea duradera.
- No hace falta que la muñeca haga nada: ha de ser una muñeca simple con la que la niña dé libre curso a su imaginación y su fantasía. Si la muñeca pronuncia frases, si dice, por ejemplo, «mamá», la niña no podrá jugar a otra cosa que a ser su mamá. Si la muñeca no dice nada, podrá ser el bebé, pero también la alumna, la enferma, la hermanita, etc. Es aconsejable privilegiar los juguetes más simples: cuantas menos cosas sea el juguete por sí mismo, más podrá la niña ser el actor de su propio juguete.
- La niña agradecerá asimismo que le des aquello que necesita para cuidar de su muñeca: un pequeño biberón, una manta, una cuchara de plástico, etc. Incluso siendo muy pequeña, veréis a vuestra niña, todavía torpe, intentar darle el biberón y la cuchara imitando algunos de vuestros comportamientos.

¿Y una muñeca pequeña?

Una muñequita tiene la ventaja de poder llevársela al baño: a la niña le encantará lavarla y jugar con ella en la bañera. Se presta a muchos comportamientos de imitación. Sin embargo, es a menudo más rígida y menos fácil de manipular que la muñeca de trapo, de cuerpo suave.

La muñeca para vestir

En los comercios se encuentran muñecas para vestir. El niño, que comienza a dominar los movimientos finos, avanza también por el camino de la autonomía: se entrena con botones, con lazos, con cerraduras. Pronto se vestirá a sí mismo.

¿Qué juguetes para cada edad? Del nacimiento a los tres años

Al acercarse las fiestas de Reyes, los escaparates y los periódicos rebosan de juguetes, todos muy atractivos. Peluches grandes (pura suavidad), juguetes rellenos de chips cada vez más inteligentes... ¿Por cuál dejarse tentar? ¿En cuál invertir? Muchos elementos pueden guiar tu elección.

La edad y los intereses de tu niño

Los tramos de edad indicados sobre los embalajes de los juguetes son con frecuencia bastante amplios y también fiables. Un juguete para niños de más edad no acelerará el desarrollo del tuyo, sino que simplemente lo aburrirá. No obstante, el criterio esencial no es la edad, porque los niños evolucionan todos de diferente forma, sino muchas veces el nivel de desarrollo en tal o cual ámbito: ¿el niño tiene bien desarrollada la psicomotricidad fina?, ¿puede hacer un puzzle sencillo?

Segundo criterio: los centros de interés del niño. Algunos niños son más activos y tienen necesidad de desgastarse; a otros solo les gustan los cochecitos o les encanta pintar, etc. Los juguetes apropiados para tal niño son aquellos que le interesan, pero también los que van a solicitar de él capacidades que todavía no ha empleado.

Una manera de jugar totalmente personal

Un niño pequeño aborda los juguetes de manera instintiva y sensorial, ingeniosa, eficaz, pero no siempre conforme con su modo de empleo. Déjalo manipular, sin intentar enseñarle otra cosa. Aprenderá por sí mismo a explorar las diferentes posibilidades del juguete. Es así como él desarrolla un espíritu científico, ideal para el futuro.

Juguetes adaptados a cada edad

Del nacimiento a los seis meses

El bebé no tiene necesidad de muchas estimulaciones y se fatiga pronto. Antes que llenarle la habitación de múltiples objetos, mejor será que tenga pocos juguetes, algunos permanentes (el peluche, el móvil…) y otros que se cambien para renovar el interés y la curiosidad. La alfombra multisensorial, el espejo, el libro de tela, la muñeca o el animal de trapo (lavables a máquina) son los grandes clásicos de esta edad. Mención especial para los sonajeros de colores y sonoros, eligiéndolos fáciles de coger, mordisqueables y lavables.

De seis meses a un año

El bebé no cesa de atrapar, dejar, recoger, lanzar, pegar, llevarse a la boca, golpear, manipular. Precisa de la fuerza y de aquello que satisfaga su insaciable curiosidad (si no, se enganchará a la cadena de alta fidelidad). Es el tiempo del tablero de actividades y de todos los juguetes de suelo: cajas de actividades, juguetes para zarandear, para derribar; todos esos juguetes de colores y fáciles de manipular que producen un sonido o un movimiento.

Es también el tiempo de los juguetes de baño, de los primeros balones y de los peluches, de los pequeños libros de cartón o de plástico, de juguetes para apilar y encajar, sencillos y todos de tamaño apropiado al niño. ¿El clásico indispensable? La caja con una tapa con un agujero para rellenar y vaciar incansablemente. Invierte en calidad; estos juguetes duran mucho tiempo.

Entre uno y dos años

El bebé accede al estatus de pequeño niño o pequeña niña. Su inteligencia es concreta; tiene necesidad permanente de explorar y de experimentar.

Desde que camina y es más hábil con sus manos, se le abren otras actividades, como los juguetes de tirar y empujar, los juegos de encajar, los juegos de construcción de madera y el material para dibujar (a esta edad, ceras y papeles en blanco serán mejor que pinturas o lápices de colores). Si optas por los juguetes musicales, asegúrate de que suenen bien.

¿Los clásicos indispensables? El teléfono (si no quieres que coja el tuyo) y el camión de transportes (escógelo sólido: va a utilizarlo mucho).

De dos a tres años

El niño invierte en el mundo de lo imaginario. ¡Sus descubrimientos no tienen límites! Para él, los animales, los garajes, la granja... Es la edad de invertir en una verdadera muñeca o en una muñequilla a la que niños y niñas querrán dedicar sus cuidados. Mientras más simples y resistentes sean, mejor jugará el niño con ellos (inútil arruinarse en muñecas que hablen o hagan pipí).

No te olvides de los puzzles, los primeros juegos reglados (como la loto), el material artístico (para pintar, pegar, modelar, decorar) y los juegos de chapotear en el agua o jugar en la arena. ¿Indispensables? Los libros de cuentos y rimas. ¿Los juegos electrónicos? Sí, si animan al niño a participar. Pero no hay urgencia...

¿Qué es un «buen» juguete?

He aquí los elementos de respuesta que deberían ayudarte en tu elección:

- Un buen juguete es sólido, resistente y seguro.
- Es multiuso, esto es, el niño puede usarlo de numerosas formas diferentes, según su nivel de desarrollo y su humor.
- Dura mucho tiempo, porque es capaz de interesar al niño un mínimo de un año.
- Es simple. No intenta reemplazar al niño. No hace demasiado. Deja al niño ser el actor del juego y le ofrece simplemente un soporte a sus iniciativas.
- Respeta las normas de seguridad, especialmente aquellas de los juguetes destinados a los niños de menos de tres años.

Los juguetes «de verdad»

Pon a su disposición, además de sus juguetes, algunos «verdaderos» objetos, solo para él. Por ejemplo:

- Un teléfono viejo.
- Un portafolio relleno de viejas tarjetas con formato de tarjetas de crédito.
- Un bolso de mano lleno de «tesoros» (peine, polvera vieja, espejito, bolígrafo gastado, etcétera).

¿Qué juguetes para qué edad? De tres a siete años

Escoger un juguete: un rompecabezas

Cada Reyes vuelve la pregunta: «Mi niño tiene tantos años, ¿qué juguetes puedo darle?». La respuesta no es simple. Primero, porque habría que tener en cuenta a cada niño: no todos tienen el mismo desarrollo, ni los mismos centros de interés. Además existen edades bisagra en las que uno no sabe nunca qué ofrecerles: un juguete que no les interese mucho tiempo o uno que no les interese todavía... Las sirenas de la moda y de la publicidad están ahí para intentar influirnos. ¿Hay que dejarse tentar por la novedad o apoyarse sobre los valores seguros? He aquí algunas pistas para hacer tu elección.

¿Qué es un buen juguete?

Para empezar, es aquel que has escogido en función de este niño, de sus intereses, de su situación y de sus deseos. Un buen juguete es aquel que sabrá recrear el juego mucho tiempo. Será, pues, un juguete sencillo, buena compañía, que va a dejar al niño ser el actor del juego al ofrecerle el mejor soporte a sus iniciativas y a su imaginación.

Las familias de juguetes

Otra forma de hacer tu elección es esta. Los diferentes juguetes estimulan en dimensiones diferentes y complementarias el desarrollo del niño: la habilidad física, la creatividad, las capacidades intelectuales, la afectividad. Es deseable que un niño tenga juguetes en cada una de estas categorías, a fin de respetar un desarrollo armonioso. Vamos pues a pasarles revista.

Los juguetes que desarrollan la motricidad

Son todos los juguetes que van a poner el cuerpo del niño en movimiento y a ayudarle a desarrollar su sentido del equilibrio, su habilidad física y manual, así como la coordinación de gestos. Estos son importantes a una edad en la que el niño permanece constantemente en movimiento y adora escalar, saltar, correr, para ayudarle a tener confianza en sí mismo.

¿Y los juegos informáticos?

Hoy día existen muchos programas destinados a los niños pequeños. En vista de su precio elevado, la decisión es importante. Tómate el tiempo necesario para comparar los juegos antes de hacer tu elección. Infórmate con otros padres que los tengan, pídelos prestados para una prueba, utilízalos en una biblioteca pública, etc.

Pero no se debe dar demasiada importancia a los juegos informáticos. Son a menudo demasiado seductores y el niño se quedará jugando voluntariamente más de una hora de un tirón. Incluso si el niño es más activo delante de un ordenador que delante de un televisor, no hay que olvidar que también el ordenador es una pantalla. Los niños pequeños de esta edad tienen miles de cosas para aprender, por lo menos tan importantes como sentarse delante de una pantalla.

Los mejores juguetes motores son el triciclo, la bicicleta, el patinete, la cuerda de saltar, la cometa, los balones, los bolos. Para el verano, todos los juegos de agua, de playa y de arena son bienvenidos.

Los juguetes que desarrollan la afectividad

Bajo esta apelación incluimos naturalmente los peluches y las muñecas, todos esos juguetes maravillosos con los cuales el niño va a establecer lazos privilegiados y profundos. Al lado de los «básicos», la muñeca de verdad, los muñequitos que representan a personajes de cuentos, películas..., las muñecas maniquíes y las miniaturas tienen también su lugar.

Esta es también la edad de todos los juguetes que permiten imitar a los adultos en sus diferentes papeles: disfraces, equipos de médico o de vendedor, cocina y casa de muñecas, circuitos de coches o de trenes. Sin olvidar todos los «universos» para inventar mil historias: granja, escuela, etc.

Los juguetes que desarrollan la creatividad

Es el caso de todos los buenos juguetes para esta edad... Crear es dar libre curso a su imaginación e inventar lo que no existe, por el placer de manipular y experimentar nuevas sensaciones. Los juguetes llamados artísticos tienen aquí un papel importante. Los mejores son los materiales en bruto: pasta de modelar, juegos de dibujo y pintura, juegos de construcción, mosaicos, perlas, pasta de sal o ceras. Sin olvidarse de las marionetas y los instrumentos de música.

Los juegos que desarrollan el intelecto

Son aquellos que van a ofrecerle al niño la posibilidad de probar, experimentar, verificar y ejercitar su mente. Por ejemplo, los puzzles, los juegos de construcción o de loto. Los primeros juegos de sociedad tienen una dimensión social evidente: tendrá que aprender las reglas, a fin de jugar con los otros.

Los juguetes para la sociabilidad

A esta edad, el niño encuentra placer en jugar en grupo, con los niños de su edad. También aprecia recibir juguetes que se lo permitan: primeros juegos de sociedad, juegos de exterior, balones, etc.

Con los amigos o hermanos, estos juegos no son los más tranquilos. El respeto a las reglas no se ha adquirido todavía. La intervención y la regulación del adulto serán a menudo necesarias.

Un juguete demasiado complicado

No compres un juguete demasiado complicado, demasiado adelantado para la edad de tu niño, con la intención de estimularlo antes. Arriesgarás el poner a tu niño en situación de fracaso y de darle de sí mismo una imagen de incompetencia. No olvides jamás que un juguete no tiene otros fines que el placer y el juego, y no el aprendizaje, el cual se hace por añadidura.

¿A qué edad se puede empezar a leerle libros?

Ha llegado el momento de la lectura

Diez meses, un año... Nunca es demasiado pronto para comenzar a leer pequeños libros a tu bebé o para mirar los dibujos juntos. Siempre representa un gran placer para él acomodarse en tus rodillas y escucharte contar historias. Al cabo de las semanas, tu bebé aprenderá a volver las páginas de los pequeños libros, a hojear solo los libros de cartón y a reconocer ciertas imágenes que tú le enseñes.

Los bebés adoran los libros y estos pueden enseñarles mucho. Al mirar las imágenes, los niños pequeños desarrollan la atención visual y la conciencia de los detalles. Al escucharte, mejoran su vocabulario y su comprensión. Los libros estimulan su imaginación y ciertas historias dan un sentido a lo que ellos mismos están viviendo.

La biblioteca de tu bebé se compone de libros de cartón o de plástico, que puede manchar si lo desea; de pequeños libros de estampas y de algunos libros particulares.

El primer libro de imágenes

Es el libro esencial del bebé. Un buen libro de imágenes para los pequeños responde a unas exigencias precisas:

- Cada dibujo representa un elemento único, concreto, aportando una sola información a la vez.
- El dibujo es preciso en todos sus detalles, de un trazo no demasiado estilizado, con un aspecto simpático.
- El elemento representado tiene que ser reconocido por el niño, y el estilo es alegre, claro y con mucho colorido.
- Los dibujos están reagrupados por categorías que incluyen todos los elementos del entorno directo del niño o de su interés inmediato: los objetos del niño (juguetes, ropa, biberón...), los objetos de la casa (muebles, alimentos, objetos cotidianos...), los animales, las plantas...

El libro de imágenes es un libro que él adora hojear, solo o acompañado, incansablemente. Recuerda los objetos de la casa, el biberón o la cuchara; reconoce al perro o al pájaro, aprende nuevas palabras...

El libro personal

Compra un clasificador pequeño y fichas de cartón de colores diferentes. O bien un álbum de fotos pequeño con bolsillos transparentes. ¡Ya tenemos el libro! Te toca ahora inventar el contenido. He aquí algunas ideas.

- Pega fotos o imágenes recortadas de las revistas, para hacer un libro de estampas personal.
- Pega fotos del bebé, de personas de la familia, del perro, etc. Todas aquellas que no son tan buenas como para guardar en el álbum de recuerdos. Puedes protegerlas recubriéndolas con un papel de plástico adhesivo transparente.
- Construye un «libro para tocar». Para esto, extiende la cola sobre el anverso de las fichas. Luego pon por encima diversos elementos: arena, arroz, harina, lentejas, retazos de telas de diferentes texturas, etc. Deja secar las fichas, después ordénalas en el clasificador. Este «libro» permitirá al bebé experimentar con sensaciones táctiles diferentes.

Luego vienen los álbumes ilustrados...

Existen toda clase de álbumes ilustrados que son libros de cuentos cuya parte principal es un dibujo. Los podemos comprar o pedir prestados en la biblioteca. Abarcan estilos de ilustración muy diferentes: realista, fantástico, naif... Muchas veces constituyen el primer contacto del niño con el mundo del arte. La mejor manera de animar a un niño a amar los libros es instalarlo en las rodillas o en los brazos y mirarlos juntos. La proximidad física y la intimidad compartidas forman parte del placer de este momento.

Sin duda, veréis la necesidad de definir un momento en el día, a menudo por la tarde antes de acostarlo, para mirar un libro. Pero toda hora es buena, cualquier momento favorable es el indicado.

Los primeros libros traerán más imágenes que texto. El niño ama las historias repetitivas, en que las frases, muy rítmicas, vuelven de página en página con pequeñas modificaciones, que hablan de la vida de todos los días. Incluso si no comprende todavía todo, se deja mecer y seducir por la música de la historia y por determinadas situaciones que identifica.

No te creas siempre obligada a seguir el texto indicado: a veces las palabras son muy complicadas para el niño. En ese caso, cuenta según tu idea, contentándote en describir las imágenes y mostrando con el dedo aquello de lo que hablas. No vaciles en introducir el tono y el ambiente que despertarán la atención y el interés de tu niño.

Leer solo

Propicia también un momento en que tu niño pueda mirar solo sus libros, hojearlos en silencio. Al principio no hará más que jugar con el objeto, luego mirará las imágenes rápidamente. Pero progresivamente verás que lo hojeará correctamente y parecerá seguir y reconocer la historia que tú le habías contado. También, incluso si eso significa que durarán muy poco, es bueno que el niño tenga el libre acceso a sus libros. Explícale que los libros son objetos frágiles, que deben ser manejados con precaución.

¿Y si a él no le gustan?

Puede, sin embargo, que tu niño forme parte de esos que no pueden estarse quietos y a quienes los libros no les interesan en absoluto. O acaso solamente como objetos para desgarrar o comer. No te inquietes, porque solo se trata de un fenómeno transitorio.

Los catálogos

Los catálogos de ventas por correo son la pasión de los bebés y una fuente sin fin de disfrute. Para empezar, ahí está el placer visual y la curiosidad: el bebé adora hojear el catálogo y encontrar en él a otros niños, sus vestidos, los muebles y sus objetos familiares. Luego, el placer táctil y auditivo: ¡qué alegría arrugar, arrancar, romper, destrozar...!

El libro de fiesta

Reúne las diversas tarjetas que has podido recibir: felicitaciones de Navidad o Año Nuevo, postales en color, tarjetas de aniversario. Guarda solo las tarjetas con la cara decorada. Encola las tarjetas de dos en dos, por detrás. Perfóralas en el costado, como se hace con las hojas del clasificador. Si pasas unas cintas por los agujeros, juntarás todas las tarjetas y obtendrás un libro original y coloreado que tu niño podrá manipular a su gusto.

¿Es un niño precoz?

Muchos niños poseen un talento particular que es bueno conocer y valorar. En compensación, otros van claramente avanzados sobre su edad en casi todos los campos: lenguaje, lógica, aprendizaje, capacidades físicas y creativas, etc. Ellos representan un 5% de la población infantil: son aquellos a los que llamamos *niños precoces*, y tienen un cociente intelectual (CI) particularmente elevado. Se caracterizan por su precocidad intelectual, lo que significa que son más rápidos que sus camaradas en los campos del entendimiento. Leen más pronto, comprenden más rápido, etc.

Las actividades extraescolares

Educar a un niño diferente nunca es fácil; esto requiere paciencia y disponibilidad. El niño precoz es exigente y a menudo frágil. Para enfrentarse a su curiosidad intelectual insaciable, puedes inscribirle en un club informático, en un ciclo de conferencias o en cursos de idiomas para niños. Pero lo que le será más provechoso será reunirse con niños de su edad en situaciones donde no será forzosamente el mejor: teatro, actividades artísticas, etc. Su gran sensibilidad encontrará un sustento apropiado. Practicar un deporte es igualmente muy importante. Verá que no todo pasa por la inteligencia lógica y aprenderá a desarrollar la amistad y la solidaridad.

¿Cómo reconocer a un niño precoz?

Muchos padres se plantean esta pregunta ante un niño que parece particularmente inteligente. Es importante esta cuestión, tanto para la localización de la precocidad como para la educación del niño superdotado.

El retrato ideal de la niña pequeña o del niño pequeño precoz es el de un niño brillante, que sale adelante sin esfuerzo, dotado de una excelente memoria, creativo, curioso, apasionado y capaz de una gran concentración. Pero no todo es de entrada tan fácil. Diferentes de los otros, los niños precoces se identifican bastante fácilmente por ciertos rasgos que tienen en común. Es tarea tuya saber si tu niño posee muchas de estas características.

- Ha hablado muy pronto y posee un gran vocabulario.
- Ha aprendido a leer solo y antes de los cuatro años. Lee mucho y rápidamente. Se apasiona por los diccionarios y las enciclopedias.
- Muy curioso, hace preguntas originales y le encanta resolver problemas. Opina y critica con gusto, sobre todo.
- Tiene un fuerte poder de atención, de observación y de concentración.
- Le gusta mucho la compañía de los adultos y de los niños mayores.
- Tiene un sentido del humor muy desarrollado.
- Es sensible a la injusticia y siente compasión por los demás.
- Es enérgico, independiente, solitario e imaginativo.
- Tiene una facultad de razonamiento y de lógica asombrosa.

Los riesgos de tal precocidad

El niño realmente precoz tiene necesidad de recibir ayuda en su desarrollo. Lo que parece un privilegio puede revelarse como una desventaja si el niño no es reconocido por lo que es. Como decía Baudelaire, «sus alas de gigante le impiden caminar». Cuanto más diferente de la media de los niños de su edad sea el niño, mayor será el riesgo de ver aparecer en él problemas de comportamiento.

Al desarrollarse más rápidamente que sus camaradas y tener a menudo ideas en su propio beneficio, al niño precoz le resulta difícil hacer amigos. Los de su edad le parecen muy jóvenes, y aquellos con los que podría discutir lo consideran como un bebé. De suerte que el niño precoz se encuentra demasiado solo y privilegia la compañía de los adultos.

Se aburre tanto en clase, cuando la maestra repite por tercera vez lo que él ha comprendido a la primera, que termina por armar jaleo y molestar a todo el mundo. Cuando no pone en marcha la retirada. Es el caso de Marina: sintiendo que a su profesor no le gusta ver «una cabeza que sobresale», ha inhibido totalmente sus capacidades. Se ha replegado en sus ensueños al fondo de la clase y ha terminado por perder el año.

Por último, aunque avanzado en cuanto a su mente, el niño precoz tiene su edad en el corazón. A los ocho años es todavía un niño pequeño que razona como uno mayor, por mucho que sus necesidades afectivas lo hagan a veces parecer inmaduro. Como Mateo, que se hace ya preguntas metafísicas sobre el origen del hombre y que compensa su ansiedad chupándose el dedo.

¿Cómo educarlo?

Si tu duda se confirma, es importante que consultéis con un psicólogo para que le haga algunas pruebas a tu niño. Él sabrá también aconsejar sobre la conducta educativa a seguir. A menudo, una adaptación de los programas de enseñanza puede ser deseable: esto obliga al niño a hacer esfuerzos y entretiene su motivación escolar.

Hoy día, generalmente en todo tipo de escuelas se tienen en cuenta las características de los niños precoces. Incluso se pueden encontrar colegios especializados en este tipo de niños. Un niño precoz es, para empezar, un niño como los demás: debe poder encontrar su lugar en la escuela y hacer, como todos, respetar su diferencia.

El chequeo psicológico

Los psicólogos instalados en consultas están habilitados para hacer pasar las pruebas a los niños. Las más determinantes son las de desarrollo mental (antiguamente llamadas pruebas de CI), que miden la precocidad del niño en los diferentes registros del funcionamiento intelectual.

El psicólogo seguramente le someterá a las pruebas de personalidad, a fin de juzgar el nivel de madurez general y de equilibrio psíquico del niño. La labor de este profesional es indispensable para tomar una decisión educativa o escolar, teniendo en cuenta todos los parámetros y no solamente las aptitudes intelectuales. El objeto de toda la gestión es el bienestar y el desarrollo global del niño.

Aprender a leer la hora

«¡Esperad un segundo!». «¡Pero si hace una hora que espero!»... La organización del tiempo es un sistema complejo. Antes de que el niño aprenda realmente a orientarse, es necesario que adquiera una buena dosis de experiencia, comprensión de su entorno y madurez. Progresivamente, el niño descubre que existe un sistema regular de encadenamiento entre los segundos, las horas, los días, los meses... Es entonces cuando le es posible aprender a leer la hora.

La evolución de la noción del tiempo

Antes de los dos años existe solo un tiempo: el presente. «Ayer», «esta tarde», «dentro de poco» son expresiones que no tienen ningún sentido. Lo que el niño quiere, lo quiere enseguida. Entre los dos y tres años, las nociones de «pronto» o de «más tarde» comienzan a tomar sentido: el niño se vuelve capaz de retrasar un poco sus deseos en el tiempo sin demasiada frustración.

Hacia los tres años, las palabras «ayer» y «mañana» aparecen. «Mañana» es todo aquello que no ha llegado aún, el verdadero mañana se expresa por «el día después de esta noche» o «cuando se haga de día de nuevo». «Ayer» es todo lo que ha pasado. Debemos saber que el paso del tiempo no es el mismo para el pequeño y para nosotros, los adultos. Todo lo que no pasa inmediatamente puede parecerle demasiado lejano, y los acontecimientos pasados se reúnen en un «ayer» muy global que va de la víspera a «cuando yo era bebé». Estos conceptos, así como los de días y meses, se van a poner en su sitio con suavidad. Finalmente, es hacia los seis o siete años cuando el tiempo, conceptualizado como una línea continua, se vuelve claro para el niño. A esta edad también va a saber contar y leer los números de una o dos cifras; y de ahí, aprender a leer la hora se podrá hacer sin demasiada dificultad.

Para orientarse en el tiempo

Aprender a leer la hora es la última etapa de un aprendizaje complejo. Felizmente, es posible, en la vida cotidiana, ayudar al niño pequeño a localizar y orientarse en el tiempo. He aquí algunas pistas:

El primer reloj

Antes, la compra de un reloj, como regalo de primera comunión marcaba simbólicamente la entrada en el mundo de los mayores. Hoy día, los relojes son menos caros y los niños pequeños tienen a menudo un reloj digital que leen antes incluso de saber leer la hora en las agujas. Esto les ayuda ciertamente a tener más pronto una noción del tiempo y de las horas.

Alto a la urgencia y a la tensión

Atención: los pequeños tienen necesidad de tomarse el tiempo de vivir sin tensiones, sin oír la frase «date prisa» repetida cien veces al día. Aprender a leer el tiempo no es hacerle coger demasiado precozmente el hábito de vivir con la vista clavada en el reloj.

- Presenta al niño sus actividades insistiendo en los encadenamientos y las pequeñas palabras que indican el tiempo. «Antes de ir al parque, vamos a pasar primero por la panadería» o «Primero te vas a lavar los dientes, después te acostarás y, por último, leeremos una historia».
- Cuando tu niño esté mirando una película o escuchando una historia, ayúdale a descubrir el encadenamiento temporal de los acontecimientos, a menudo incomprensibles para los más pequeños.
- Asocia los días de la semana con unas actividades precisas: los lunes vamos a la biblioteca, los martes por la tarde vemos un dibujo animado, los miércoles vamos a ver a la abuela, etc. Y recuérdale «el libro que nos prestaron ayer», «mañana, cuando estés con la abuela», etc.
- Instala un calendario grande en la pared. Explícale a tu niño que los días están todos inscritos. Tacha los días que os separan de las vacaciones o de su aniversario. Muéstrale la organización de los días en semanas y en meses.

Leer la hora

Desde que un niño sabe leer los números, puede leer la hora en una esfera numérica. Pero este aprendizaje tendrá verdaderamente sentido solo cuando el niño haya comprendido concretamente lo que significa un segundo, un minuto, una hora. La primera etapa consiste así en enseñarle la duración. ¿Un segundo? Es el tiempo de decir «Ay». ¿Un minuto? Es el tiempo que tarda la aguja de los segundos en hacer un viaje completo, el tiempo para beber un vaso de agua. ¿Una hora? Una vuelta de la aguja grande, el tiempo de un paseo por el parque. Ayúdate con un cuentaminutos. «Yo lo pongo a los cinco minutos; cuando suene, vas a tomar tu baño». «Lo ponemos a los diez minutos, para cocer los huevos», y así sucesivamente.

La segunda etapa consiste en llamar su atención sobre ciertas horas en particular, porque tienen sentido en la vida del niño. Dile, mostrándole el reloj: «Son las ocho y media, te vas a la cama», «A mediodía, cuando las dos agujas estén arriba, vendrás a la mesa».

La última etapa es aquella del aprendizaje propiamente dicho. Construye un gran reloj en cartón en el que escribirás, además de las indicaciones habituales: «mediodía», «y cuarto», «y media», «menos cuarto», «25», «20», «10» y «5». Explícale el principio a tu niño, luego juega con él hasta que esté a gusto, primero con las horas simples (de la hora a la media); después, con todas.

Los ciclos del tiempo

Puedes llamar la atención de tu niño sobre los signos de las estaciones.

- «¿Te acuerdas cuando hacía mucho frío y había nieve? No había ninguna hoja en los árboles. Ahora hay muchas. Y dentro de un tiempo caerán de nuevo».

Explícale que hay la estación de las cerezas, la estación de las ciruelas…

Háblale de su pasado y del tuyo, apoyándote en fotos. Por ejemplo, mirad juntos las fotos de sus aniversarios. Cuéntale anécdotas sobre «cuando era bebé».

- Considera el porvenir: «Cuando seas mayor…», «Para la próxima Navidad…».

Progresivamente tomará conciencia del aspecto cíclico del tiempo y será capaz, él también, de orientarse en el tiempo.

«Pero, vamos a ver, ¿por qué se comporta así?»

Adrián, en lugar de venir a lavarse cuando su madre lo llama, hace como que no la oye. Una vez, dos veces, tres veces; él sigue inmerso en su puzzle. Hasta que su mamá se enerva, grita y viene a buscarlo para llevarlo a la fuerza a la bañera. De donde Adrián, una vez instalado con sus juguetes, no quiere salir... Y mamá se pregunta, como todas las mamás de niños de dieciocho meses a cuatro años: «Pero, vamos a ver, ¿por qué hace esto? ¡Sabe muy bien que voy a terminar enfadándome! Es lo mismo cada noche. Estaría tan bien que viniera cuando lo llamo... Yo me encontraría más relajada, tendría tiempo de jugar con él... ¡Estropea todas nuestras noches! Se diría que le gustan los conflictos...».

Las palabras que dan en el blanco

Ciertas frases son garantía para atraer la atención inmediata de papá o de mamá. «No te quiero», «Prefieres a mi hermana», etc. El niño las repetirá, incluso ganará en importancia, tanto que la atención que merezca le asegurará el mismo éxito de audiencia.

Los niños pequeños son diferentes

Cada vez que tratamos de entender al niño pequeño refiriéndonos al comportamiento que tendríamos en su lugar, corremos el riesgo de equivocarnos. Los pequeños no son como nosotros. Ellos no funcionan como los adultos. Sus motivaciones no son las nuestras, sus razonamientos tampoco. Nosotros les explicamos las cosas según la lógica y lo que hay que hacer, pero habrá que esperar todavía unos años antes de que esta forma de pensamiento les resulte natural. De tal manera que muchos de los problemas vienen simplemente del hecho de que los padres intentan que su niño de dos años se comporte como un adulto. Cuando se tiene dos años, se vive el instante, según el principio del placer inmediato, sin preocuparse por las consecuencias de los propios actos.

¿Con qué reaccionará entonces?

Las motivaciones que sustentan los comportamientos de los niños pequeños son limitadas en número. Tenerlas en mente permite descifrar mucho más fácilmente las actitudes por lo menos curiosas y el origen de conflictos innombrables.

El niño pequeño necesita atención

Más todavía que amor y ternura, el pequeño necesita que se le preste atención. O mejor dicho: según la cantidad de atención que le brindamos, él evalúa el amor que le tenemos. De modo que si el hecho de ser sensato significa que lo dejan tranquilo, será preferible hacer ruido o hacer maldades. Más vale ser regañado que no ser visto.

Ser él solo el centro del mundo

El comportamiento precedente es por tanto más evidente cuando un hermano o una hermana aplica las mismas estrategias. Los padres no tienen más que una cantidad de tiempo de atención limitada, es a él a quien le requerirán más. El niño pequeño quiere la atención y la quiere toda entera para él. Añade a esto que es egocéntrico, posesivo y celoso...

Es muy sensible a la frustración

Durante años, el niño pequeño tiene deseos que no puede satisfacer. Y siente una gran frustración. Quiere su mono y le imponen el pantalón corto. Quiere ir en bicicleta, pero le falta equilibrio. Quiere su chupete, pero está prohibido. Quiere poner juntos los ladrillos que se niegan a encajar. Quiere telefonear por el móvil de papá, quien no está de acuerdo... La inteligencia del niño y sus deseos están por delante de sus capacidades motrices, de lo que es capaz de realizar: ¡esto lo enerva al máximo!

Los celos fraternales

Uno de los momentos más delicados para el niño pequeño es el nacimiento de un hermano. Por un lado, tener esta pequeña muñeca graciosa como compañía es bastante simpático. Por otro lado, constatar hasta qué punto ella suscita la atención y el enternecimiento de los padres y de toda la familia no puede sino suscitar celos y rivalidad. Olvidar continuar prestando la misma atención al mayor puede ser el origen de francas dificultades.

Si él está mal

Un niño pequeño un poco enfermo, que está echando sus primeros dientes, que tiene un poco de fiebre, difícilmente se mostrará simpático y se comportará como se espera de él. Igual que un niño que ha estado perturbado o desestabilizado por los sucesos de la vida (mudanzas, cambio de guardería, nacimiento de un hermano, etc.). El control emocional es una de las cosas más difíciles de aprender: esto tardará muchos años. Pedir a un niño enfermo que se controle y «sea bueno» es de cualquier modo ilusorio.

Las consecuencias de la simple fatiga son las mismas. Un niño fatigado no se duerme: se irrita en lucha contra la fatiga por un aumento de tensión, de frustración y de caprichos. Mientras más se fatiga, más «infernal» se pone. Más vale saberlo, a fin de anticipar y evitar las situaciones que se sabe suponen un problema.

¿Por qué es gruñón?

Un niño que gimotea opone la mayor resistencia…

Marisa no puede más. Hace más de tres horas que Javi, de cuatro años, lloriquea. Para empezar, son las zanahorias las que no le vienen bien; a él le gustaría el dulce de leche. Luego está la siesta que no quiere hacer, y lloriquea detrás de la puerta de su cuarto hasta que su mamá estalla. Es la hora del paseo, pero él se sienta en el suelo y no quiere caminar. Sus quejas son tan usuales que Marisa dice que preferiría que Javi cogiera una buena rabieta y se callara. Pero así estamos, ha escogido otra forma de expresarse…

«Los chicos no lloran»

¿Y por qué no? Educar a tu hijo con la idea de que no debe llorar, con el fin de hacer de él un verdadero pequeño duro, es peligroso. Le enseñas a guardar en su interior sus sentimientos y emociones, antes que a expresarlos. Inhibir así su sensibilidad puede hacer de él un adulto estereotipado que tendrá dificultades para comunicarse en profundidad con los demás y con él mismo.

Todos los niños, tanto los chicos como las chicas, tienen derecho a las lágrimas, cuando están mal o sienten el corazón oprimido. A nosotros, los adultos, nos toca ayudarlos a pasar a otra cosa. «Tú estás enfadado, en tal caso lloras, de acuerdo. Es una elección. Pero puedes parar si quieres. Cuando hayas terminado, ven pronto, te esperaré para preparar el postre».

¿Cómo terminar con este hábito?

Algunos niños parecen no estar nunca contentos, ni de acuerdo con nada. Son capaces de emperrarse durante horas y terminan fatalmente por tensar el ambiente en general. Uno los quisiera despreocupados y alegres… ¿Qué se puede hacer para ayudarlos a evolucionar?

Pasar malos momentos…

Lo primero que hay que hacer es intentar comprender lo que pasa. El niño que se transforma de «alegre» en «gruñón» atraviesa sin duda una fase difícil. ¿Qué pasa en su vida que pueda explicar un cambio así, en la casa o fuera de ella? Si su estado es transitorio, la paciencia, la comprensión y el buen humor vendrán de maravilla.

¿Rasgos de carácter…?

Para otros niños, este carácter ha sido siempre más o menos el suyo. Estos son a menudo los niños sensibles. Ansiosos, aman la rutina, los hábitos, la calma, y detestan los cambios, las novedades. Captan todas las vibraciones negativas de su entorno. Estos niños tienen una gran necesidad de un adulto disponible, protector y tranquilo. ¡Recuerda que la «seriedad» de que dan muestra es una apuesta para el futuro!

¿… O forma eficaz de llamar la atención?

Lloriquear es a menudo, para un niño, una manera de atraer la atención y el reconocimiento. Si es el caso del vuestro, preguntaos honestamente si el niño tiene cada día el tiempo de caricias y de juegos en familia que necesita. Examina igualmente si tu niño no ha cogido demasiado pronto el hábito de contar con los demás más que consigo mismo. En este caso puedes animarlo a la autonomía, valorando sus iniciativas y demostrando tu orgullo cuando se comporta «como un mayor».

Una educación que tiene en cuenta el carácter

Los padres deben tener en cuenta el carácter del niño en su actitud educativa. No se educa igual a la tormentosa, la lunática, el soñador o el llorón. Este último tiene necesidad de conocer de antemano lo que le espera, tanto en asuntos del empleo del tiempo como de reglamento interior. Él se contentará con reglas simples, estables, que determinen lo que está permitido o prohibido, lo que puede esperar o no. Es también un niño que necesita que se interesen por él y que se tomen el tiempo de escucharlo.

Hay ciertas actitudes muy simples que pueden facilitar mucho la vida con un llorón

- Tanto como puedas, ignora su comportamiento. No lo tengas en cuenta. Es la mejor manera de hacerlo desaparecer. Luego, si esto se vuelve insoportable, mándalo solo a su habitación un momento, hasta que se sienta de un humor más sociable. Explícale que no es un castigo, que tiene el derecho de protestar, pero tú también tienes el derecho de no soportarlo más.
- Intenta con el humor. Si llegas a hacerlo reír, has ganado.
- Habla con él y pídele su opinión. «Tengo un problema contigo y no sé qué hacer...». Él es el primero a quien le atañe. Asociarlo en la búsqueda de una solución es hacerle pasar del estatus de víctima, que adopta demasiado a menudo, al de actor de su propia vida.
- El carácter de un niño puede cambiar, pero él no es totalmente responsable. Si es llorón, no es su culpa. Al intentar hacerlo evolucionar, es importante valorar sus lados buenos y demostrarle que tú lo aceptas y lo quieres tal como es.

Atención a la etiqueta de gruñón

Nada de frases como: «Ya estamos, ¿todavía con la "perra"? ¡Palabra, nunca estás contento!». Evita colgar a tu niño esa etiqueta: le será muy difícil quitársela.

No te burles de él

Burlarse de él, sobre todo públicamente, no servirá más que para empeorar las cosas. En compensación podemos utilizar el humor familiar para imitar su actitud, por ejemplo, pero siempre de puntillas...

¿Y si le viene esto de alguien?

Pregúntate honestamente si no tendrá en su actitud una parte de herencia familiar. ¿No hay en la casa otro gruñón (o gruñona) de quien tome el modelo? Es cierto que mientras sus padres sean alegres y estimulantes, más tenderá el niño a serlo.

No se está quieto

Esperar algunos minutos le parece una eternidad

Para algunos niños, quedarse sentados sin moverse es una tortura. Mientras comen, se contonean de una nalga a otra y parecen siempre instalados sobre un hervidero de pulgas. En un niño de dos años, uno lo comprende y lo tolera. Pero a los cinco años, si además el niño es incapaz de concentrarse más de unos minutos en una misma tarea, uno se acaba inquietando. El niño se siente infeliz, siempre reprimido, a veces castigado. Parece que la escuela, tal como está organizada, es intransigente: para aprender hay que estar tranquilo. Los padres se preocupan, la maestra se irrita, el niño se desespera… ¿Qué se puede hacer para ayudarlo?

Encontraréis a continuación unos pequeños ejercicios de entrenamiento, para escoger según la edad y la personalidad de cada uno. Pero en todos los casos hay que empezar por admitir que se trata de uno de los aprendizajes más difíciles para algunos niños. Así que las previsiones de los adultos deberán ser realistas y progresivas.

Servirse de recompensas

A algunos niños les gustará que les prometas una recompensa: «Si llegas hasta el final de tu juego tranquilamente, saldremos en bicicleta enseguida». Esta técnica puede ser útil al comienzo, para motivar al niño y permitirle hacer rápidamente algunos progresos. Muy pronto, las recompensas serán inútiles.

El aprendizaje de la relajación

Otros sacarán un gran provecho de ciertas técnicas simples de relajación. La agitación del niño se acompaña a menudo de cierta ansiedad. Saber relajarse es una aptitud de la que se puede servir cada vez que tenga necesidad de calmarse, de atravesar un momento difícil y de recuperar la confianza en sí mismo.

Para los más jóvenes (hasta los cuatro años)

Tened en cuenta que a esa edad la necesidad de moverse es importante y completamente natural, incluso si la vida actual no la respeta siempre.

Aprender a quedarse sentado

Para los más pequeños, lo importante es comenzar a valorar el tiempo de quedarse sentados. Hazlo jugando. Sienta al niño en el suelo y dile: «Vamos a ver si puedes quedarte quieto mientras cuento». Cuenta con los dedos hasta cinco, luego felicítalo y déjalo levantarse y moverse. Empieza a contar hasta diez otra vez y aumenta progresivamente el tiempo según sus capacidades (él siempre debe conseguirlo y siempre lo felicitarás mucho por su actuación).

El juego del cuentaminutos

Pasado el minuto, reemplaza los números por el cuentaminutos. Dale al niño un juego tranquilo y dile: «Vamos a ver si puedes quedarte sentado jugando tranquilo durante tres minutos». Luego, otro día: «¡Veamos si puedes batir tu marca!». Incluso ahora, ten previsiones razonables: el niño debe conseguirlo siempre.

Generaliza el uso del cuentaminutos a otras actividades en las que al niño le cueste trabajo quedarse tranquilo; el tiempo de su comida, por ejemplo. Comienza por cinco minutos antes de darle el derecho a levantarse; luego, aumenta la duración. Felicítalo siempre por sus logros, incluso ofrécele un extra (un dulce suplementario o un dibujo animado). Si fracasa: «Esto no es importante, lo intentaremos otra vez».

Para los mayores (a partir de los cuatro años, más o menos)

El juego de la estatua

Para esto, sienta al niño frente a ti y pídele que descanse como tú, tan inmóvil como una estatua (¡tienes solo derecho a respirar!). Después de un minuto, harás un gesto (mover la mano, inclinar la cabeza...): él deberá hacer el mismo gesto y fijar de nuevo la posición. Este juego desarrolla a la vez la atención al movimiento, el control y la concentración.

El «desafío» de las marcas

Dale un cuentaminutos o un reloj: será él mismo quien fijará los tiempos en que se va a pedir permanecer tranquilo. «Voy a intentar hacer este puzzle durante diez minutos» o «Voy a leer diez páginas de mi libro sin parar». El fortalecimiento es interior: el niño está feliz de haber conseguido su objetivo.

Servirse de imágenes mentales

Ayúdale a servirse de imágenes que le ayudarán a quedarse sentado: «Tú simulas pasar la cola sobre tu silla con un gran pincel, después te sientas encima». O bien: «Imagina que estás sentado en la cabina de un avión supersónico y que has abrochado tu cinturón».

Anticipar los momentos difíciles

Prepara pequeñas actividades variadas cuando sepas que el niño ha de permanecer sentado cierto tiempo (comidas de familia, sala de espera, etc.). El niño ocupado es siempre más fácil de mantener en calma, ¡incluso si esta no dura!

Con ciertos niños, la dificultad de quedarse tranquilos y de limitarse a una tarea parece realmente importante y duradera. Es bueno en este caso que los padres tengan una actitud a la vez clara y firme. Reglas poco numerosas, pero bien comprendidas y consistentes; una rutina cotidiana estructurada y un entorno bastante simple (no más de una cosa a la vez) son los elementos que pueden ayudar mucho.

El niño padece un problema de déficit de atención con hiperactividad

Se trata de un niño siempre impulsivo, muy inquieto, hiperactivo e incapaz de fijar su atención, de seguir una consigna o de organizar su trabajo. Es una verdadera patología, que acarrea una vivencia dolorosa en el niño (él «molesta»), pero cuyas causas son todavía inciertas, y el diagnóstico, difícil de establecer. Los padres se sienten agotados, desbordados e impotentes.

En estos casos hay que consultar con el especialista. Algunos recetan fármacos, pero lo que es muy importante es el tratamiento psicológico y del comportamiento. La psiquiatría infantil o la psicología intentarán actuar a la vez sobre el niño (aprendizaje de nuevos comportamientos, de control sobre sí mismo) y sobre su entorno (incluyendo el asesoramiento y el apoyo a los padres).

Cómo hablar al niño de sexualidad

Sábado, cuatro de la tarde, en un ramal del metro lleno de gente. De pronto, una vocecita se levanta, clara, por encima de las conversaciones: «Di, papi, ¿tú también tienes un pene?». Es la voz de Carla, de cinco años, que se asegura de haber comprendido bien eso que su mamá le ha explicado la víspera.

En el momento que menos lo esperamos…

Es normal: si los padres escogen primero los momentos tranquilos y cómplices para abordar estos asuntos, los niños a menudo hacen estas preguntas de forma totalmente imprevista, en la cola de la panadería o en medio de una comida familiar. Prueba de que no sienten que exista ninguna prohibición para abordar estas cuestiones… «Es un tema interesante, mi niño, recuérdame responderte esta tarde, cuando volvamos a casa…».

La única solución para evitar la incomodidad consiste en anticiparse a las preguntas del niño, e informarlo antes de que él se informe. Pero esto sería perjudicial al no aprovechar también su curiosidad, porque sus preguntas son el único indicador de su nivel de reflexión, así que será mejor prepararse para hacerles frente.

¿A qué edad ha de comenzar una información sexual?

Precisamente cuando el niño muestre una curiosidad, a través de sus preguntas o de sus actos. Esta se sitúa generalmente hacia la edad de tres años, cuando el niño comienza a separar a las personas entre hombres y mujeres y a preguntarse qué es lo que los diferencia. Pero esto puede también sobrevenir con ocasión de un acontecimiento familiar: embarazo de la madre, parto de la gata, escena en la televisión, etc. La pregunta puede ser directa («¿Cómo ha entrado el bebé?», «¿Por dónde va a salir?») o indirecta («¿Yo también tendré niños?», «¿Los gatitos no tienen papá?»).

Al cabo de los años, a menudo es el niño quien inicia el diálogo sobre las cuestiones sexuales y quien indica por

Insistir sobre el papel del padre

El niño constata muy pronto que los chicos y chicas no son iguales. Sospecha también que esta «pequeña diferencia» cambia muchas cosas. No obstante, el bebé está en el vientre de las mamás y solamente en el suyo… También los adultos encuentran a veces más práctico hablar de embarazo y omiten subrayar el papel del padre en la concepción del bebé. Ahora bien, es importante, tanto para las niñas como para los niños, saber que se necesitan dos para hacer un niño.

No hables en «términos técnicos»

Otro escollo: hablar de la sexualidad en términos técnicos, olvidando hablar del amor, de la ternura, del placer.

dónde van sus preguntas. Un día puede parecer «obsesionado» por la curiosidad, pero una vez que esta ha sido satisfecha, parece desinteresarse durante algunos meses.

Algunos niños no hacen espontáneamente las preguntas, a veces porque se sienten incómodos con los adultos o porque se enfrentan a una actitud que les hace preferir el silencio. En este caso es deseable adelantarse, dándoles espontáneamente la información que corresponde a su edad.

Al acercarse la pubertad, las preguntas arrecian. A esta edad, los niños saben a menudo más de lo que uno imagina. El pudor sobrevenido, su cuerpo que comienza a cambiar... No es precisamente a los padres a quienes ellos van a dirigirse ahora para tener los detalles técnicos, sino que prefieren escuchar la radio, preguntar a sus compañeros o leer las publicaciones para adolescentes.

Esta discreción ha de ser respetada por los padres, que dejarán solamente una puerta abierta: «Ya sabes que siempre puedes venir a hacerme cualquier pregunta que tengas sobre la sexualidad. Ahí estaré».

¿Qué hay que decirle?

La verdad. La época de las cigüeñas que traen a los bebés ha pasado. Pero el nivel de detalles depende de la edad del niño. Los más pequeños piden respuestas breves y simples. Si esto es insuficiente, volverán a la carga. Si es demasiado, está claro que los aburrirá.

Si el niño siente que el adulto es receptivo, pregunta solo hasta que su curiosidad está satisfecha; luego, cesa de escuchar. La imagen de la pequeña semilla no es mala porque pone en evidencia el papel del padre, lo que es muy importante. Lo que el niño quiere realmente saber es cuál es su sexo, a qué adulto se parecerá y lo que le espera más tarde. Las preguntas de los más grandes (y esto llega muy rápidamente) pueden confundirte: «¿Por qué las señoras se ponen de parto?», «¿Qué es un homosexual?». Responde de acuerdo con lo que tú creas justo decir. Si la incomodidad es demasiado grande, siempre podrás leerle un libro infantil explicativo sobre la sexualidad y la reproducción, o consultar con otros padres con hijos más mayores. Lo esencial es que el niño sienta que su curiosidad es bienvenida y que no te olvides nunca de hablarle de amor tanto como de técnica.

Una relación sana con la sexualidad pasa primero por un diálogo abierto y sencillo sobre ella.

¿Qué términos emplear?

Los mejores son los más reales y los más simples: «¿Qué quiere decir hacer el amor?», pregunta Eduardo, de seis años. «Hacer el amor; eso significa que el hombre introduce su pene en la vagina de la mujer, que se abrazan muy fuerte y que se aman mucho». Lo mejor es hablarle simplemente, con palabras adaptadas a su edad. ¿Tienes tú tus propias palabras para indicar los órganos sexuales? ¿Por qué no? Pero asegúrate de no utilizar las mismas para los dos sexos y de que el niño conozca los nombres exactos.

¿Puede uno quedarse desnudo delante de los niños?

La prohibición del incesto

Entre los dos y los seis años, el niño puede tener un comportamiento seductor para con los padres del sexo opuesto y sentir una rivalidad celosa con el padre del mismo sexo. Él busca un acercamiento. Es el momento, para los padres, de establecer claramente ciertas reglas:

- La cama de los padres no es la de los niños.
- Cada uno, padre e hijo, tiene derecho a la propiedad de su propio cuerpo y al respeto de su intimidad. El niño, desde que es capaz, va al baño solo, se lava solo, etc.
- Le precisamos: «Tu cuerpo te pertenece. Ninguna persona tiene el derecho a tocarlo sin tu aprobación, salvo para curarte si estás enfermo».
- Papá es de mamá y mamá es de papá. El niño, aunque sea la consecuencia, está, de hecho, excluido de esta relación de pareja. Pero un día, él también encontrará a alguien que lo amará, etcétera.

Las prohibiciones han desaparecido: ¿dónde encontrar nuevos descubrimientos?

El camino recorrido en menos de un siglo es considerable. A lo largo de tres generaciones, hemos pasado de una época de gran mojigatería –cuando uno se lavaba con la camisa de noche puesta y la visión de un tobillo provocaba una gran emoción– a una era de libertad para exhibirse, en la que los cuerpos casi desnudos se muestran libremente en las playas y en los escaparates de los vendedores de periódicos.

La desnudez total no está proscrita en el hogar. Los padres muchas veces relegan el pijama al fondo del armario. Y comparten voluntariamente el baño con su niño.

¿Es que los tabúes han desaparecido y la cuestión de la desnudez delante de los niños está definitivamente regulada? No, y tanto mejor. Sin duda, una actitud más libre y natural hacia el cuerpo es mejor que la pudibundez que la precedió.

Pero los límites no son sino más difíciles de definir. Mostrarse desnudo, de acuerdo, pero ¿en qué circunstancias y desde qué edad?

¿Cómo ve el niño la desnudez?

Para los pequeños, estar desnudo es verdaderamente un gran placer. Antes de los dieciocho meses o los dos años, es sobre todo una cuestión de comodidad y de bienestar: pasearse desnudo, sin pañal, en pleno sol o por la casa, es una auténtica felicidad, totalmente natural.

Entre los dos y los cinco años, aparece el orgullo de mostrar lo que uno es y a cuál sexo pertenece. Niños y niñas se descubren y lo muestran bien para que nadie lo ignore.

Pero le gusta también mirar: ¡no cuentes pues con él para volver púdicamente la vista si otros niños u otros adultos desnudos se cruzan en su camino! Su mirada va derecha a aquello que le interesa, a aquello que significa una diferencia. Y como es natural a su edad, tiene también las ganas de tocar. Desea mostrarse, ver y explorar. Esta curiosidad es sana, ¡lo cual no significa que debamos fomentarla!

Cuando llega el pudor

Muchos adultos conservan este placer de la desnudez. Encuentran ridículo cubrirse delante de su niño. La desnudez en familia se ha vuelto común.

Sin embargo, el pudor no ha desaparecido. Variable según los niños, el pudor puede surgir repentinamente y desaparecer por igual. El niño que se encierra en el cuarto de baño o que se oculta para desvestirse estará igualmente molesto si se enfrenta a la desnudez de otro. Respetar su pudor es no forzarlo ni burlarse de él, pero es también saber ocultar nuestra desnudez mientras el niño esté ahí.

Al pudor de los niños corresponde el de los adultos. Los padres que se sienten incómodos desnudos ante la mirada de sus niños y su deseo «de inspección» no han de forzarse en nombre de una pretendida educación liberal. Mostrarse discreto animará a los niños a hacer otro tanto.

¿Cuáles son los límites?

¿Cuáles comportamientos pueden ser considerados como normales en familia y cuáles os harán decir: «¡No, eso no!»?

He aquí algunos ejemplos:

- A menudo está permitido estar desnudo en familia, en el cuarto de baño. ¿Se puede también estar así en la cocina?
- ¿Puede aceptarse que el niño venga a deslizarse por la noche entre sus padres desnudos?
- A menudo sabemos de un padre que comparte el placer del baño o de la ducha con su niño. ¿A qué edad encuentras razonable suspender esta práctica? ¿Un año, tres años, siete años, diez años? Aun así, ¿dónde fijar el límite?

Cada padre puede sentir, en su interior, dónde es deseable colocar los límites. Sin embargo, es muy importante que el niño no sienta unas emociones y que equívocamente las asocie a los padres, lo que le puede ocasionar problemas en el futuro.

Ver y tocar no es la misma cosa. Atravesar el pasillo y exhibirse, tampoco. La desnudez es una cosa simple y bella. ¿Compartirla en familia? Todo depende de la edad y de las circunstancias. A partir de los dos años, una cierta discreción es necesaria. Si la desnudez en casa responde ante todo a una elección personal, permitir a cada uno preservar su intimidad es un buen factor de equilibrio.

El niño es un «perverso polimorfo»

Estas cuestiones de desnudez contienen siempre una dimensión sexual que es imposible eludir.

El niño no es un ángel. El mismo Freud habla de él como de un ¡«perverso polimorfo»! También hay que preguntarse siempre en qué momento la desnudez de los padres puede entorpecer el desarrollo del niño. Este tiene una vida sexual que le es propia, muy diferente a la de los adultos y que satisface a su manera.

Entre los dos y los seis años, muy seductor con respecto al sexo opuesto, reivindica con sus padres un lugar que no es el suyo. Por eso el espectáculo de la desnudez de los padres puede ser perturbador para él, a la vez que demasiado estimulante para su edad y un poco desesperante. («Comparado con mi padre, yo no tengo lo que hace falta para satisfacer a mi madre...»).

Respetar al niño será a menudo permitirle descubrir la anatomía de otros niños antes que la de los adultos.

Para que lavarse sea un placer…

Cuando el agua y el jabón se convierten en fuente de conflictos…

Para algunos niños, lavarse es una verdadera faena. Interrumpir su juego, desvestirse y arriesgarse a pasar frío, mojarse, enjabonarse con el riesgo de que se les irriten los ojos… es todo un horror.

Si es el caso de tu niño, comienza por negarte a atormentarte sobre este problema y a pelear todas las tardes. No pasa nada si no se lava un día. Un baño sin jabón, pero con espuma, donde el niño juegue un cuarto de hora, lo lavará bien. Evitemos conflictos que no son indispensables.

Cuando se pueda, utilicemos el juego y la astucia

Mejor intentar actuar sutilmente. Laura, madre de Tomás, de tres años, y de Tristán, de cinco, no puede conseguir que se laven las manos antes de sentarse a la mesa. Obligarlos no sirve de nada, así que ha decidido abordar la dificultad de otro modo:

- Para el mayor, «recompensa» a la limpieza: cuando se lava las manos espontáneamente, puede, por ejemplo, escoger el sabor de su yogur en el momento del postre.
- En cuanto al más pequeño, le pide simplemente que lave un pequeño juguete o su cubilete con un poco de un líquido de fregar muy suave: él se divierte y sus manos se limpian de paso.

La importancia de los accesorios

Actuar con flexibilidad cuenta también en lo que concierne a la limpieza personal. Un niño se lavará siempre más fácilmente si tiene para esto sus propios accesorios divertidos que habrá escogido contigo.

- ¿Quieres que él mismo se frote? Una manopla de Mickey o una esponja-fresa lo animarán.
- Usará voluntariamente el jabón si utilizas uno en forma de tortuga o un jabón líquido con olor a manzana (lo esencial es, como con el champú, que no irrite los ojos).
- El baño lo divertirá de antemano si puede escoger entre las sales de baño a la lavanda y las bolas multicolores.

Favorecer la autonomía

Si tu niño no es lo suficientemente grande para verse en el espejo cuando se lava los dientes o se peina, si no puede manejar solo los grifos, cómprale un escalón. Puedes fabricar uno agrupando muchos anuarios telefónicos de formato grande. Los envuelves, rodeados de varias vueltas de cinta adhesiva gruesa, en papel de embalar, o en un trozo de papel de pared.

Cuando el pudor dura

El niño se vuelve púdico desde que comienza a entrever cuál es el papel del cuerpo en la sexualidad. Aprecia mucho que todo esto contiene un misterio y que deberá esperar las verdaderas respuestas todavía por largos años. Se protege, y esta es una actitud a respetar. Paralelamente, es el momento de abrir un diálogo con él… Habrá que poner en palabras las preguntas que él se hace, sobre todo si no osa todavía abordarlas directamente.

Cuidar los elementos de confort

Lavarse para estar limpio no tiene para tu niño la misma importancia, ni mucho menos, que tiene para ti. Haz del momento de lavarse un acontecimiento agradable y el niño se presentará voluntario.

Para esto, tendrá seguramente necesidad de agua bien caliente, de una alfombra de baño para no resbalar y tal vez de un pequeño radiador en el cuarto de baño. Apreciará que le permitas ser autónomo al esmerarte en los detalles concretos: grifos fáciles de regular, escalón delante del lavabo, etc.

Por último, ya que lo considera una faena, el niño necesita a menudo una preparación. Lávate junto con él las manos, los dientes y la cara, para la pequeña limpieza matinal o en el momento de la comida: verás cómo el ejemplo es determinante.

La rutina es tu aliada

Las rutinas instaladas muy pronto son aquellas que tienen la mayor oportunidad de hacerse automáticas y que inspiran la menor oposición. Si, desde el nacimiento, el baño es un hábito y un placer de cada noche, hay menos riesgos de que vuestro niño de ocho años decida de pronto escapar.

Desde la edad de tres años, el niño es capaz de lavarse solo en la bañera, si le hemos enseñado cómo se hace. Desde los cinco años, se puede duchar solo si regulas el agua para él.

Con el tiempo, lavarse por la noche (o por la mañana, según la costumbre escogida) se convierte en una regla que ya no se discute, pero que se aprecia siempre: comienza con un «¡Qué bien te sientes! ¡Qué agradable, un niño pequeño todo limpio!».

¿Refunfuña todavía? Hazle comprender firmemente que su programa favorito no puede verse sino limpio, en pijama…

El lavado de los dientes

- Se convertirá en un juego si ofreces al niño un cepillo de dientes musical, un dentífrico de fresa (los dentífricos de manzana tienen también mucho éxito) y un cubilete en forma de oso.
- Si el tiempo de cepillarse te parece demasiado corto, puedes regular el cuentaminutos sobre los dos minutos, o bien comprar un reloj de arena: no paramos de cepillar hasta que toda la arena ha pasado.
- Enséñale a pasar la lengua sobre sus dientes después de haberlos lavado, para sentir cómo se quedan de limpios y lisos.
- Hazle aplicar muy pronto esta regla absoluta: no se acuesta uno jamás sin haberse lavado los dientes y uno no se mete en la boca nada más que agua después del lavado de la noche.
- Tu actitud actual en cuanto al cepillado de los dientes y al dentista influirá en tu niño para toda la vida. Por tanto, no vaciles en hacerle coger buenas costumbres, como, por ejemplo, cepillarse bien los dientes.

Saber poner en guardia a tu niño contra los abusos sexuales

Desde nuestra infancia, el mundo ha cambiado mucho...

Algunas reglas sencillas eran suficientes para protegernos: «No sigas a los extraños», «Volverás a casa antes del anochecer», «Avisarás si vas a llegar tarde». Todo esto es todavía válido, pero insuficiente. Se habla cada vez más de abusos sexuales, lo cual no significa que estos sean más frecuentes, sino que los niños se atreven a hablar y su palabra es tenida en cuenta.

Los padres saben muy bien que es imposible proteger totalmente a su niño, pero es necesario intentarlo. La tarea es difícil. Todos los padres deseosos de poner en guardia eficazmente a su niño se encuentran rápidamente enfrentados a dos dilemas. Por una parte, ¿cómo informarlos sin inquietarlos o hacerlos temerosos? Por otra, ¿cómo reafirmar la seguridad de un niño respetando su legítimo deseo de independencia?

El proceso tiene cuatro puntos:

Una información correcta

Desde luego que los niños de cualquier edad son vulnerables, pero mucho más cuando son jóvenes. Aunque está justificado cuidarlos, a la inmensa mayoría de ellos no les pasará nunca nada. La angustia de los padres no protege a los niños. Más vale informar sobre los riesgos reales que dar paso a fantasmas. Es, por ejemplo, importante saber que más de la mitad de los niños puestos en peligro lo son por una persona conocida, de quien ellos no desconfían, mientras que todos espontáneamente se manifiestan temerosos de los extraños, de esos que tienen «una cara rara».

Una educación preventiva

Algunos niños son más vulnerables que otros. Los niños tímidos, bien educados, discretos o poco seguros de sí mismos pueden encontrar muy difícil afirmar su derecho y defenderse contra un adulto convincente o exigente. Es por tanto importante enseñar a todos los niños que tienen el derecho de decir «no» y de defender sus opiniones, incluso frente a una figura de autoridad.

Entrenarse a gritar

Todos los estudios lo han demostrado: la única táctica verdaderamente eficaz de que dispone el niño para defenderse es el grito: un niño que grita hace huir rápidamente a su agresor, que teme evidentemente atraer la atención sobre él.

Pero todos los niños no se atreven a gritar, sobre todo los tímidos y educados.

Hay que practicar el alarido como un ejercicio.

Pide al niño gritar «no» lo más poderosamente posible, desde el vientre. Primero solo, luego frente al espejo, luego frente a ti, muchas veces. Hazlo cuando esté de paseo, en el bosque o en el campo. Pero entrénale también en la casa.

Así, en caso de necesidad, el niño no vacilará en gritar, para pedir ayuda y hacer huir al agresor.

Los niños sobreprotegidos son también, paradójicamente, más vulnerables, porque no han aprendido a desenvolverse ni a defenderse por sí mismos. A pesar de su ansiedad, es importante que los padres den a sus niños una autonomía en relación con su edad. Hay que enseñarles progresivamente la libertad con que el niño se prepara a afrontar el mundo.

Por último, preparar al niño a defenderse contra los abusos sexuales será también, muy pronto, hacerle comprender que su cuerpo no le pertenece más que a él. Quiere decir respetar su pudor, poner límites claros entre los miembros de la familia, enseñarle desde los cuatro años a lavarse solo, etc.

Una puesta en guardia eficaz

Hablar a los niños de la existencia de abusos sexuales no es fácil: es hacerles perder parte de su inocencia, hablar de cosas feas de las que ignoran todo.

Pero es el precio que hay que pagar por la prevención. Uno es más vigilante cuando está al corriente de peligros potenciales. Podemos decir, por ejemplo: «Hay personas que tienen problemas y esto las anima a tocar a los niños ahí donde no deben. Incluso aquellos que tienen un aspecto simpático pueden a veces hacer daño. Tu cuerpo es tuyo. Ninguna persona, ni siquiera un adulto cercano, tiene derecho a tocar las partes cubiertas, sobre todo si eso te ocasiona un malestar».

Un aprendizaje acertado

Vienen enseguida las reglas de conducta precisas. El niño debe saber concretamente lo que debe hacer si se encuentra en una situación inhabitual o que él considere peligrosa.

Las instrucciones más simples son las mejor memorizadas:

- «En el momento en que un adulto te pida guardar un secreto, desconfía y... habla conmigo».
- «No acompañes jamás a un desconocido, aunque sea para hacerle un servicio».
- «No es mala educación decir "no"».
- «Si estás solo, quédate en un lugar donde haya gente».
- «Si necesitas ayuda, entra en una tienda, alerta a un grupo de gente o golpea en cualquier puerta».

No podemos tener siempre a nuestros niños bajo nuestra mirada: educación, información del peligro y una puesta en guardia práctica son las mejores medidas de prevención.

¿Deseas saber si tu niño ha retenido tu puesta en guardia?

Juega a «¿Y si...?».

- «¿Y si yo no estoy a la salida de la escuela?».
- «¿Y si alguien te pide guardar un beso secreto?».
- «¿Y si un adulto te pide seguirlo hasta su coche?».
- Etcétera.

¿Cómo ayudar al niño a ver la diferencia entre la «caricia» normal y aquella que no lo es?

- Para empezar, explícale que ninguna persona excepto él tiene derecho a tocarle «aquello que está cubierto por el bañador» (salvo por una razón médica, en cuyo caso, normalmente, estaremos nosotros o un maestro con él).
- A continuación enséñale a desconfiar de aquellos que le exigen el secreto: un beso «normal» no tiene por qué ser escondido.
- Por último, crea con el niño un ambiente de confianza, que lo inclinará a confiarte a ti todo aquello que le parezca «raro».

vacac

iones

pesadillas

habitación

compartir

caprichos

Atención a las palabras que hacen daño

Lo que decimos, porque somos los padres, nuestros niños lo creen. Ellos nos cogen la palabra. Por tanto, prestemos atención a lo que decimos y procuremos reflexionar dos veces antes de soltar una de esas frases. Algunas detienen el impulso vital del niño, otras afectan a la confianza en sí mismo; todas hacen daño porque lastiman al niño en su sensibilidad y en el amor que nos tiene.

Respeta su creatividad y sus emociones

«¡No te manches!», dicho al niño que sale a jugar al jardín o al parque, o bien al que va a pintar, es el método más seguro de inhibir su impulso de artista o de explorador. Más vale vestirlo con ropas usadas «todo terreno» y decirle: «¡Así no arriesgamos nada, haz lo que más te divierta!».

«¿Y por qué no pintas el techo de la casa en rojo?», preguntas al niño que se apresta a pintar. Si quieres que sea creativo e imaginativo, abstente de criticar, de juzgar y de aconsejarle en sus producciones. En el arte no existen una forma buena y otra mala de hacer las casas o los barcos. Dile a menudo: «¡Puedes estar orgulloso de tu casa, está verdaderamente bien pintada!».

«¡Es ridículo tener un miedo así!», o bien: «¡Pero no, si tú no detestas a tu hermana!». Pues sí, por momentos. Los sentimientos tienen el derecho de expresarse y deben ser respetados. Solo el pasar a los hechos es reprensible. Más vale una frase como: «Comprendo que por momentos tú la quieras mucho y que por momentos ella te enfurezca. Esto suele pasar, no es grave».

«Yo, en tu lugar…». Evidentemente, tienes razón y tú lo harías mejor que él, pero eso mina su confianza en sí mismo. Una variante: «Yo, a tu edad…». Sí, seguro, a su edad eras formidable. Todo iba mejor que ahora. Pero el mundo ha cambiado y tu niño es diferente de ti. Por otro lado, en cuanto empieces así tu frase, él cesará de escucharte…

Evita las etiquetas y los juicios definitivos

«¿No podrías obedecer como tu hermana?», o bien: «Tú eres mucho más amable que tu hermano». Las comparaciones

No juegues con su culpabilidad

- «¡Después de todo lo que he hecho por ti!», o su variante: «¿Por qué entristeces a mamá?». El niño tiene sus experiencias por pasar y su vida por vivir, con independencia de la tuya. Es siempre peligroso provocar en el niño la culpabilidad, pues este sentimiento hará que más tarde le resulte difícil corregirse.
- «¡Me pones enferma!» y su variante, más grave aún: «¡Este niño me mata!». El niño te cree. Con estas palabras generas una angustia y una culpabilidad muy pesadas para él. Limítate a «¡Me agotas!», suficiente para darte la ocasión de relajarte en un momento de calma.
- «¡Ven a dar un beso a mamá; si no, ella se sentirá triste». Nada de chantajes a la ternura. El niño vendrá a hacerte caricias cuando él quiera, pero sin el temor de ponerte triste. ¿Quieres una muestra de ternura? Pues ve tú donde él a darle un beso.

entre niños de una misma familia dan resultados desastrosos: las desfavorables minan la estima de sí mismos de aquellos que las reciben; las favorables excitan la rivalidad fraternal. Más vale mostrar a cada uno que se le quiere por lo que es: único.

«¡No recoges jamás tu ropa y la vas dejando detrás de ti!» es una frase que condena para siempre. «Jamás» es, con seguridad, excesivo y puede ser reemplazada por «hasta ahora», dejando abierto el futuro. Hablar a partir de uno va mejor: «Me molesta mucho encontrar tu ropa tirada por el suelo» o, mejor todavía: «La ropa sucia debe ir al cesto».

«Siempre estás haciendo el vago» o «Juan es nulo en Francés». Las etiquetas aplicadas al niño no son nunca aconsejables. El niño tendrá la tendencia a conformarse («¿Para qué tratar de cambiar, ya que de todas maneras soy así?»), lo cual lo encierra en su problema y, en cualquier caso, lo limita y le impide ser otro.

Evita las amenazas y los chantajes

- «¡Si no vienes, me iré yo sola!», dices al niño que no se decide a salir de la guardería o de la casa. Es comprensible la amenaza, dicha a punto de perder la paciencia. Pero si el niño no te cree, la advertencia es inútil, y si te cree, despertarás en él una angustia de abandono siempre latente y muy dolorosa.
- «Si empiezas otra vez, vas a ver…». Él va a empezar de nuevo, solo para ver…
- «Verás esta noche, con tu padre…». Si el niño ha hecho una tontería, hay que castigarle en el momento, y luego hacer las paces y olvidarlo. Sin contar con que el padre seguro que no tiene ganas de jugar a Padre Justiciero después de su jornada de trabajo…
- «¡Te aviso, no se me olvidará!». Un problema se arregla en el momento. Amenazar e intimidar al niño como venganza o para obtener alguna cosa, antes de apelar a lo mejor que hay en él, es poner en acción mecanismos que son tanto como bombas de efecto retardado. Mejor decir: «No estoy nada contenta con lo que has hecho. Pero tengo confianza en ti y sé que tratarás de no volverlo a hacer».

«Quien habla sin tino, hiere como espada; mas la lengua de los sabios cura», dice el Libro de los Proverbios.

Las palabras que hacen daño

Las palabras que decimos a los niños en pleno enfado o cansancio pueden hacer mucho daño. Más que los golpes. Quien dice esas palabras, una vez en calma, las olvida o las lamenta. Quien las recibe, las guarda largo tiempo en su corazón.

Uno piensa a menudo que los niños, como son todavía jóvenes y despreocupados, no nos comprenden, o bien olvidan pronto. Sin embargo, nosotros, recordando lo pasado, encontramos entre nuestros recuerdos de infancia cada una de esas frases, en una forma tal vez diferente, donde la herida es todavía dolorosa.

Como dicen las abuelas…

La sabiduría popular aconseja morderse la lengua antes de hablar. ¿Y si antes de soltar las palabras que hacen daño y que lamentamos enseguida, tratamos de respirar un poco, justo el tiempo de encontrar una forma más feliz y respetuosa?

¿Qué miedos y a qué edad?

El miedo es un sentimiento universal

Aceptable cuando el peligro es real, se vuelve un obstáculo para vivir cuando llena la vida cotidiana. El miedo y el aprendizaje de la forma de hacerle frente forman parte del desarrollo normal del niño sano.

Entre todas las emociones, esta es una de las más precoces: surge en los primeros meses y entonces se manifiesta ya como rechazo y cólera, placer, descontento y excitación.

¿Cómo desarrolla el niño su miedo?

Algunos niños parecen no tener nunca miedo a nada y atraviesan su existencia con una gran tranquilidad. Otros, por el contrario, parecen vivir, tanto de día como de noche, numerosas experiencias horrorosas. La mayor parte de los niños oscila entre estos dos extremos. Ciertos miedos aparecen, luego dejan su lugar a otros. A menudo, el niño parece sólo un poco molesto, inquieto; otras veces manifiesta un rechazo aterrorizado.

El miedo del niño no es siempre fácil de identificar, porque no se expresa siempre con palabras, ni mucho menos. El niño va a utilizar su cuerpo o su comportamiento para expresarlo. Según su temperamento, uno puede volverse inestable y turbulento, otro se replegará en sí mismo y se volverá «demasiado tranquilo». Cuando tiene «dolor de tripa» por las mañanas, a menudo es señal de alguna inquietud relacionada con la escuela.

¿Niños pequeños, miedos pequeños?

Ciertamente no. Los miedos de los niños pueden ser de una gran intensidad. El pequeño que ve una sombra en la pared frente a su cama y cree que se trata de la presencia de un monstruo puede estar realmente aterrorizado.

Aquel, un poco mayor, que rechaza con violencia que le den un pinchazo, está lleno de un sentimiento mucho más fuerte que solo el temor de sufrir.

Como son muy jóvenes, sin demasiadas referencias ni capacidad para relacionar, se dejan invadir por miedos enormes, de los que no siempre se atreven ni siquiera a hablar.

La mejor forma de convencerse de la intensidad real de sus emociones es acordarse de los propios miedos infantiles.

Los padres ansiosos

Existen dos tipos opuestos de padres que, cada uno a su manera, tienen comportamientos que no ayudan al niño a superar su ansiedad. Los primeros protegen demasiado a su niño: le dan una imagen de un mundo peligroso donde es normal tener miedo. Los otros no lo apoyan lo suficiente y rechazan tomar sus miedos en consideración. El niño, privado del apoyo necesario, no llega a encontrar en sí la fuerza para controlar sus inquietudes.

La educación en el peligro

Existen los padres que se toman la tarea de enseñar al niño a diferenciar entre los verdaderos peligros y los otros. Para tranquilizar a un niño, nada mejor que una actitud firme, coherente, que le indique cómo enfrentarse de modo concreto al miedo que lo afecta o al peligro que encuentra.

¿De qué tiene miedo?

Los niños son portadores de los miedos de nuestra sociedad, como el miedo a engordar o el miedo al desempleo. Se impregnan del ambiente general del mundo en el que viven y, más aún, del ambiente más o menos ansioso o tenso del hogar familiar. Pero también tienen miedos que les son propios, de los que algunos son típicos de una edad determinada. Cada edad tiene sus dificultades, sus periodos de reajuste: los grandes miedos cobran todo su sentido si los consideramos como ventanas abiertas a la evolución del niño y sus crisis necesarias.

Los muy pequeños (de cero a un año)

Desde el nacimiento, ciertas funciones, como la audición y el equilibrio, pueden ya elaborar sus respuestas. Se debe a que los miedos de los recién nacidos son, en especial, el miedo a los ruidos repentinos y el miedo a caerse, así como ciertas angustias primarias. En el segundo semestre van a aparecer miedos encadenados, importantes por su intensidad y sus consecuencias: la angustia de la separación y el miedo a los extraños.

Los niños pequeños (de uno a tres años)

El niño comienza a aventurarse fuera de los límites habituales. Los encuentros que realizamos no son siempre los más tranquilizadores. Aparecerán también en determinados niños –aquellos que han tenido una experiencia desagradable– el miedo al médico y el miedo a los animales, por ejemplo. Según sus vivencias, algunos pueden también desarrollar miedo al agua.

Después de los dos años, el niño gana independencia con rapidez. Es muy enérgico: sus miedos también. Imaginativo, no tiene solamente miedo de las realidades de la vida, sino también de su mundo interior, más peligroso todavía. Aparecerá el miedo a la oscuridad, pero también el miedo a las tormentas.

Los niños de tres a seis años

La imaginación crece: el miedo a los monstruos también. Aparecen además el miedo a la enfermedad o la muerte de un conocido (lo que empieza a tener sentido), el miedo de perderse (se siente intrépido, pero tal vez no temerario...) y el miedo al agua, sobre todo a no hacer pie.

La concentración mental

El entrenamiento de la imaginación permite superar la aprensión en un momento determinado.

- En la sala de espera del médico o del dentista, sugiere al niño representarse mentalmente y concentrarse en un recuerdo o un proyecto alegre: la fiesta de cumpleaños, la última Navidad, las próximas vacaciones... Hazle precisar los detalles, las sensaciones, las emociones. Si es muy pequeño, serás tú quien los evoque para él.
- Dale un lápiz y pídele dibujar, sobre la uña de su dedo, una cara sonriente. Luego, él mirará la cara y no pensará en otra cosa.
- Si es el olor a medicinas del lugar lo que lo incomoda, pon un poco de tu perfume habitual sobre el dorso de su mano. Ponle su mano debajo de la nariz y se imaginará abrigado en tus brazos. Puedes también esconder su cara en una de tus bufandas.

«¡Mamá, tengo miedo, está todo negro!»

¿Cómo se manifiesta el miedo a la oscuridad?

Hacia los dos años, no hay problemas: el niño no se queja cuando sus padres apagan la luz al salir de su habitación por la noche, después de un último beso. Luego, un día, comienza a pedir que la luz se quede encendida en la habitación o el pasillo, que la puerta se quede entreabierta. A menudo, también el niño se despierta en mitad de la noche y lo encontramos sentado en la cama, temblando de miedo. Habla de lobos, de monstruos, de ladrones, de un mal sueño o solamente de un miedo sin objeto.

Raros son los niños que, entre los dos y los cinco años, no tienen durante un tiempo miedo a la oscuridad. Ansiedad común, que se va a traducir en rechazo a acostarse, temor a quedarse solo, llantos... y en acercarse, como quien no quiere la cosa, a la cama de los padres.

¿Cómo explicar el miedo a la oscuridad?

Se trata de un miedo que aparece, por lo general, en una etapa de cambio en el desarrollo del niño, por ejemplo, durante un nuevo aprendizaje o durante la preparación de un cambio de vida. Las causas de este miedo son múltiples. El niño le echa con facilidad la culpa a una pesadilla, a un monstruo que está escondido debajo de la cama o al miedo a los ladrones. Hacia los tres años, el niño está dotado de una imaginación fértil que va a poner al servicio de sus inquietudes.

Las razones profundas son otras. La oscuridad acarrea la ausencia de señales. El niño no ve a aquellos que lo quieren y lo tranquilizan, pero tampoco ve su entorno familiar. El mundo que comenzaba a organizar y a construir en su cabeza parece haber desaparecido.

Otra causa de este miedo es la angustia de la separación

Esta permanece muy viva hasta alrededor de los cuatro años. Por la noche nos encontramos con nosotros mismos; la oscuridad de la noche es la hora en que cada uno se siente más solo, más vulnerable. Al crecer, el niño va a desarrollar sus defensas, que le permitirán hacer frente a esta ansiedad. Hacia

Dialogar con el niño

Lo más importante es explicar al niño que sus temores son frecuentes a esa edad. Ellos indican que él crece, que debe renunciar a las cosas de su pequeña infancia: eso, a veces, da miedo. Desaparecerán cuando crezca y se sienta más fuerte. Entretanto, sus padres están ahí para velar por su seguridad.

Saber tranquilizarlo

Cuando el niño manifiesta miedo, la actitud de los padres debe tener como fin el permitirle superarlo. Para esto es necesario no tener miedo de su miedo, pero demostrarle que se le puede enfrentar con tranquilidad. En tal caso, nada mejor que el ejemplo para ayudar al niño.

los seis años ya es capaz de diferenciar la realidad, lo que es posible, de lo imaginario. También puede mantener los pensamientos inquietantes a distancia y teme menos la oscuridad.

¿Qué hacer?

La estrategia tiene tres puntos:

Por la noche, dejar una luz

Entre las condiciones que aseguran un sueño apacible, cuenta mucho la de poder orientarse en el espacio cuando se despierte a mitad de la noche. Si está oscuro, el niño se encuentra perdido. A menudo va a llamar a sus padres para que vengan a tranquilizarlo.

Pero si ve lo suficiente, gracias a una pequeña luz que viene de la lamparita de noche o del pasillo, va a salir pronto de sus sueños al reconocer su habitación, se meterá de nuevo en su cama, recuperará su peluche y se volverá a dormir. Cuando ya no tenga pañales, se atreverá, él solo, a levantarse para acercarse a su orinal o al lavabo, lo que no hará en la oscuridad absoluta antes de muchos años.

Dejar una lamparilla al niño por la noche no hará daño a su autonomía, sino que, por el contrario, la reforzará. Desde que sepa usarla, confíale una linterna. Podrá, desde su cama, explorar todos los rincones sombríos de su habitación para hacer huir a los monstruos.

La noche, ayudarle a expulsar las pesadillas

Si tu niño te llama a raíz de un miedo o de una pesadilla, comienza por encender suavemente la luz (el reóstato, que permite controlar la intensidad luminosa, es una buena inversión). Ayúdale a tranquilizarse: reencontrar su espacio, sus peluches, los objetos cotidianos.

Muéstrale que no hay ninguna persona aparte de ti. Murmura a su oído cualquier frase positiva y mágica, que podrá repetir cuando esté solo: «Todo va bien, papá y mamá están ahí, nada puede pasar, estás seguro, todo va bien». Deja la habitación cuando el niño esté calmado, pero sin esperar a que se duerma.

El día, darle confianza en sí mismo

Decimos que los problemas de la noche se resuelven en el día. ¿Cómo?

- Hablando con el niño de sus temores, pero sin burlarse jamás de él ni ridiculizarlo.
- Si el niño es bastante grande, le pedimos pintar sus temores: se combate mejor lo que se conoce bien.
- Jugar con él a la gallina ciega le permite familiarizarse con las sensaciones que se dan por la noche.

«¡Papá, tengo miedo del lobo!»

Al momento, los padres de hoy se sienten muy sorprendidos. Ellos, que han puesto tanto cuidado en no amenazar jamás con el «coco», que no han leído jamás a su niño cuentos de ogros, ni le han contado Caperucita Roja sino con un gran lujo de precauciones oratorias, se encuentran desarmados con esto que califican amablemente de pamplinas.

Pero si los lobos son raros en nuestro extrarradio, los miedos sí que están cerca. Y si las brujas no existen más que «para reír», el miedo sí que está ahí, «de veras».

Las palabras que aclaran…

- «Tiíta, dime algo, tengo miedo porque está oscuro».
- «¿Y de qué te servirá, puesto que no puedes verme?».
- «No importa; en el momento que alguien habla, parece más claro».

(Diálogo relatado por Freud, en *Cinq psychanalysis*).

Cómo ayudarlo a superar el temor a los insectos

Un temor frecuente... pero poco ventajoso

Raras son las personas que aman de verdad a los insectos. La aversión por un gran número de ellos, en primer lugar por las cucarachas, está tan generalizada, tanto en los niños como en los adultos, que termina por parecer normal. Dura más allá de la adolescencia. Pero algunos niños desarrollan un temor irrazonable, porque concierne a pequeños animales que no pueden hacer ningún daño. Una aversión normal, si se transforma en verdadero terror, puede complicar mucho la existencia cotidiana a quienes viven en el campo o incluso cuando se trata de simples paseos. Por ello durante las vacaciones se manifiestan más a menudo tales temores.

Más vale prevenir que curar

Para evitar tales situaciones, lo mejor es coger la delantera. Las reacciones de los padres son, también en este caso, determinantes para la personalidad del niño:

Enseñar con el ejemplo

Tu niño tendrá la tendencia a modelar su actitud según la tuya. Si eres del género que retrocede con horror cuando una avispa se acerca o pide ayuda cuando una araña de largas patas se remonta a lo largo de la pared, aprende a dejar atrás ese miedo o bien a no manifestarlo.

No asustes a tu niño

Por ejemplo, teniendo una reacción excesiva, o tan solo demasiado viva, cuando él mismo atrape un insecto. No todos los insectos pican. Enséñale con tranquilidad a diferenciar entre los insectos peligrosos y los otros.

Educa al niño

Enséñale a observar y conocer mejor esa vida animal compleja y fascinante que es la de los insectos. Tómate el tiempo de mirar una columna de hormigas transportando su comida, una araña tejiendo su tela o una libélula rasando una charca. Hazle admirar los reflejos de las alas de mariposa o la suavidad de la oruga.

¿Y si es una fobia?

Algunos niños desarrollan miedos intensos e incontrolables frente a los animales o en situaciones totalmente seguras. Saben muy bien que esto es «una idiotez», pero no pueden controlar su terror, incluso frente a una película o a una representación imaginada del animal. Esto es lo que llamamos una fobia. Si estimular y tranquilizar a tu hijo no tiene efecto, será necesario consultar a un psicólogo. Estas fobias raramente se curan solas y pueden impedir al niño disfrutar todo lo que quisiera.

El psicólogo tratará de descubrir el origen de este miedo incontrolado. Va a averiguar el sentido y las repercusiones que pueda tener en la vida del niño. Luego va a intentar reconciliar al niño, muy poco a poco, en etapas sucesivas, con aquello que lo asusta tanto.

Mirad juntos los libros

Esto contribuirá a desarrollar una forma de respeto por estos pequeños animales y enseñará al niño a comportarse frente a los insectos: quedarse quieto justo cuando la abeja se aleja o dejar resbalar la oruga sobre una hoja de papel para sacarla fuera ¡será mejor que aplastar las arañas o arrancar las alas de las moscas!

Cuando el miedo se instala

Es posible que estas medidas de prevención resulten insuficientes, o que tu niño ya haya desarrollado un miedo a los insectos que incomoda la vida de todos los días. En este caso puedes ensayar los siguientes consejos:

Habla con tu niño de sus miedos

Esto te permitirá entender bien aquello que lo asusta en especial. ¿Algunos insectos en particular? ¿Aquellos que pican? ¿Aquellos que vuelan? Rectifica las creencias erróneas que pueda tener sobre la peligrosidad de tal o cual animal.

Contar con las costumbres

Acostumbra a tu niño a entrar poco a poco y con calma en contacto con el temido insecto.

Para calmar el miedo que Guillermo tiene de los escarabajos, muy numerosos este año en el lugar de sus vacaciones, Mariana comienza por mirar con él fotos de magníficos escarabajos en un diccionario de animales, y por darle algunas informaciones. Además ha capturado un pequeño escarabajo que ha instalado confortablemente en un bote de plástico transparente. Le ha puesto por nombre *Néstor.*

Por último, ha animado a Guillermo a venir a observar a *Néstor,* primero desde lejos, luego desde más cerca. «Mira, el pequeño escarabajo no puede salir. Puedo coger el bote con la mano. Muy pronto, tú mismo le llevarás un poco de hierba fresca. En un día o dos, iremos a ponerlo en libertad en el prado de atrás». Al día siguiente, Guillermo se sintió listo para tocar el animal con una hierba.

Dejar atrás los temores requiere mucho valor. Felicítalo con entusiasmo por sus progresos cuando sea capaz de ignorar a un insecto o de comportarse con él de manera correcta. ¡Una buena merienda en el bosque o el campo parece una recompensa muy apropiada!

Los miedos universales

Algunos miedos experimentados por los niños parecen a la vez universales y arcaicos, y remontarse a la noche de los tiempos. Citemos, por ejemplo:

- El miedo a las serpientes.
- El miedo al trueno.
- El miedo al fuego.
- El miedo a los extraños.
- El miedo a la oscuridad o al vértigo.
- El miedo a ser abandonado.

Estos miedos no están ya muy adaptados a nuestra vida cotidiana: uno se encuentra rara vez frente a una serpiente y el trueno no hiere más que a algunos caminantes imprudentes. Pero, si vamos atrás en el tiempo, comprendemos que hayan podido ayudar al hombre a velar por su seguridad y su desarrollo. Curiosamente, son raros los niños que no los conocen todavía hoy. Luego, cuando el niño madura de cuerpo y de pensamiento, sus temores se atenúan, dejando a menudo algunos rastros en el adulto…

Cómo darle confianza en sí mismo

¿Qué es un niño que tiene confianza en sí mismo?

- Si tiene confianza en sí mismo, el niño es capaz de atreverse.
- Va hacia los demás sin temor y no vacila en levantar la mano en clase.
- Se hace una imagen positiva de su futuro y tiene prisa por crecer para ser cosmonauta o veterinario.
- Consigue dominar sus aprensiones para ir adelante.
- Es autónomo, sabe hacer las elecciones que le conciernen y defenderlas.
- No se deja desanimar por un fracaso y decide intentarlo de nuevo.
- No teme a la soledad y sabe que es amado.

Todo esto es tan importante en el mundo de hoy que uno no puede sino interrogarse: ¿cómo construye un niño esta buena imagen de sí mismo que lo acompañará toda su vida? Mi convicción es que los padres tienen un papel esencial desde el nacimiento del niño.

Los obstáculos superados ayudan a ser más fuerte

En cada etapa de su desarrollo, el niño libra sus propias batallas. Atraviesa las dificultades con su cuerpo, sus emociones, su inteligencia. Busca sus propias soluciones, ensaya, se equivoca, comienza de nuevo, aprende, aprovecha las lecciones. Se remodela y se hace más independiente y más fuerte.

No es deseable que los padres le eviten esto o demuestren que tienen miedo por él: su papel es estar vigilantes y disponibles para ayudar, animar, discutir y ofrecer una base de repliegue atenta y afectuosa. El padre ideal no existe. Aquel que está ahí, que tiene una buena imagen de sí mismo y confianza en sus valores y su propio proyecto educativo, manejará muy bien el asunto y sabrá transmitir su fuerza interior.

Las bases de esta confianza se construyen muy pronto

En los primeros meses de su vida, el niño vive en total dependencia. Llama si tiene hambre, frío o ganas de ser cogido en brazos. Responderle, asegurarle calor y caricias, ya es convencerle de que puede tener confianza en este mundo y en sus propias competencias.

Si se respeta su ritmo, siente que hay una continuación entre la suavidad del vientre materno y la del mundo que lo rodea. Estructurar la jornada del bebé de manera regular y explicarle lo que le va a pasar contribuye también a darle una buena seguridad interior.

Entre uno y tres años: una fase intermedia

La segunda etapa importante en la elaboración de la confianza en sí mismo se sitúa entre uno y tres años. El niño descubre la frustración (no puede tener enseguida todo lo que desea), el miedo (a la oscuridad, a los insectos, a los extraños…) y el alejamiento. Período difícil tanto para él como para sus padres, que ya no saben cómo comportarse. He aquí algunas pistas:

- Para empezar, no burlarse jamás de él si pronuncia mal o teme a los monstruos.
- No dejarle creer jamás que podemos dejar de quererlo si es muy malo.

En este tramo de edad es también cuando el niño parte al descubrimiento de su entorno, y esto no se hace sin dificultades, fracasos y peleas. Se siente pequeño y tiene mucha necesidad de apoyo –¡pero no de que lo hagamos en su lugar!–. El niño experimenta, trata de vestirse o trepar por la escalera y, a menudo, sufre al no lograrlo, pero sus padres lo animan y él empieza de nuevo: cuando por último llega, solo, tiene todas las razones para estar orgulloso de sí mismo. Mucho más que si el adulto lo hubiera ayudado o lo hubiera hecho por él. Estimular la iniciativa y la perseverancia, aunque no haga las cosas completamente bien, permite al niño triunfar solo en las dificultades y sentirse más fuerte.

Luego viene la confrontación con los demás

Cuatro a cinco años es la edad de los celos y de las rivalidades. Es difícil aceptar que no eres más que uno de sus hijos en el corazón de mamá, un alumno más en el de la maestra. A veces, él tiende a pensar que amamos más a su hermanita que a él, o que nos interesamos más por los demás.

Dos actitudes que podrán ayudar mucho:

- Desarrollar la cooperación a expensas de la competición.
- Demostrarle que él es único y que le amamos es algo que puede servir de ayuda.

Por último, de seis a once años, el niño se enfrenta a sus iguales y a sus aprendizajes escolares. Para sentirse capaz, tiene necesidad de que el adulto lo apoye y lo anime. Pero también de que le permita reafirmarse: tiene la edad de poder opinar sobre su manera de trabajar, sobre la manera de ocupar sus ocios, sobre la elección de sus amigos. Respetar sus ideas y sus preferencias (alimentarias, musicales, sobre vestimentas…), además de ayudarlo a desarrollar los proyectos que él mismo habrá elaborado (la construcción de una cabaña, una colección de tarjetas postales…), contribuye a responsabilizarlo. Desde ahora hay que dejarlo apartarse un poco: su confianza en sí mismo reposa sobre su capacidad de actuar sobre el mundo.

Para que tenga confianza en sí mismo, no digas…, di…

- No «Eres malo cuando destrozas», sino «Destrozar ese libro es realmente una majadería». Es el acto lo reprensible, no el niño.
- No «Eres amable», sino «Es muy amable de tu parte haber compartido tus juguetes con Pablo». El cumplido es específico y preciso.
- No «Eres muy pesado», sino «Me sienta muy mal soportar que grites así». Empleamos la primera persona, que habla de uno, antes que reñir con la segunda.
- Ponerse en lo peor jamás es lo más seguro. Lo peor no es jamás seguro.

Se siente mal, no quiere ir a la escuela

Las ocho de la mañana...

Es la hora punta en casa. La radio anuncia lluvia y embotellamientos, la leche está calentándose, hay cola para ir al baño, todos tienen prisa. Es cuando la vocecita de Marina revuelve toda la organización de la jornada: «Mamá, me duele la tripa...» (o la garganta, o la cabeza, a escoger, pero, en cualquier caso, algo difícil de comprobar). ¿Qué hacer? ¿Tomarle la temperatura? ¿Hacerse la desentendida? ¿Y si Marina debe faltar a la escuela, cómo hacer para dejarla en casa?

¿Teatro o realidad?

¿Qué madre no ha conocido dicha escena precisamente el día en que le es imposible liberarse? ¿Podríamos, en este caso, considerar las quejas del niño como una necesidad de hacerse notar o como un simple deseo de quedarse en la cama? ¿No utilizan todos los niños la enfermedad, real o simulada, como excusa ocasional para faltar a la escuela?

Incluso si, como Fabián, es la tercera vez esta semana que el niño recurre al dolor de tripa para quedarse en casa y que el médico consultado ha dejado claro que el niño no tiene nada, los padres nunca están seguros de si forzarlo a ir a la escuela es lo mejor que pueden hacer. Se sienten algo culpables en todos los casos.

No es fácil siempre saber si el niño se siente en realidad enfermo, si solo quiere hacerse mimar un poco o si tiene algún problema en la escuela, por ejemplo.

¿Cómo saber si está realmente enfermo?

Antes de decidir si el niño está enfermo y si conviene dejarlo o no en casa, estaría bien interrogarse sobre los síntomas que presenta. Algunos son ambiguos: por lo general vagos, inverificables, aislados (dolor de cabeza sin fiebre, dolor de tripa sin diarrea, etc.). Pero otros signos son muy reales y necesitan retener al niño en casa. He aquí los principales:

- La diarrea puede ser dolorosa y contagiosa, dos razones para dispensar al niño de la escuela.
- El resfriado y la nariz que gotea claramente justifican que metamos un paquete de pañuelos en la cartera. Pero

Cómo ayudar al niño excesivamente sensible a abandonar sus lamentos

Hacen el teatro alrededor del más mínimo daño y parecen tener siempre algo mal en alguna parte. Han comprendido que el hecho de estar malos los coloca en el centro de las preocupaciones y de la ternura maternal. Se sienten más amados, más interesantes si gimotean, aunque estén en plena forma.

Es difícil salir de este círculo vicioso, salvo si los padres cambian de actitud...

- Si deciden recompensar la buena salud y no la mala.
- Si siempre adoptan un comportamiento positivo y dinámico frente a las cuestiones de salud.
- Si no se quejan ellos mismos de sus propias enfermedades.
- Si fomentan en sus niños otros medios de llamar la atención y ganarse su afecto (ayudar en la casa, fabricar alguna cosa con sus manos, etcétera).

si además tiene fiebre, dolor de cabeza u oídos, una conjuntivitis, o bien una tos fuerte, es el momento de hacer intervenir al médico.

- El dolor de garganta que no va acompañado de ningún otro síntoma requiere tan solo ser observado con atención; la evolución puede ser rápida.
- Los pruritos o erupciones no son siempre graves o contagiosos, pero necesitan sin embargo un diagnóstico urgente, ¡sobre todo si el niño no ha tenido aún la varicela!
- Por último, si el niño tiene una fiebre superior a los 38 grados, estará mejor en casa que en la escuela, incluso con una aspirina.

Quedan los que se quejan sin razones médicas

Algunos niños son muy sensibles y encuentran en el hecho de hacerse tener lástima la atención que buscan.

Tenemos, por último, todos los otros casos. El estado del niño no justifica, en el plano médico, que falte a la escuela. No está tampoco entre sus hábitos jugar con las quejas para obtener afecto o interés. Si la misma escena, sin embargo, se reproduce, convendrá tratar de encontrar otra causa. El niño no es un simulador: expresa una dificultad con los medios a su alcance. Hablar con él es la primera forma de intentar comprender las razones de su comportamiento.

- ¿Se trata de un rechazo encubierto de la escuela? ¿Existe un problema escolar que tú has subestimado? Entrevistarse con el profesor servirá, sin duda, para informarte.
- El niño, por último, puede vivir un momento psicológico difícil. Nada es demasiado visible, excepto esta dificultad para separarse, o bien la falta de entusiasmo. Tener dolor de tripa es una forma de quejarse de otra cosa: de la falta de tiempo que sus padres le dedican, del poco tiempo que le queda para jugar, de un mucho o de un muy poco; lo más frecuente es que se trate de algo pasajero.

Estos dolores son difíciles de evaluar, pero no merecen ser llamados «teatro». Deben ser tenidos en cuenta, cuestionados y entendidos.

Los que no quieren alejarse de la casa

Pedro reacciona ante los conflictos frecuentes que enfrentan a sus padres: teme lo que puede llegar a pasar en su ausencia y hace lo posible por no salir de casa. En cuanto a María, ha notado que su hermano pequeño se queda todo el día con mamá y no entiende por qué ella no puede hacer otro tanto.

Un día especial

Cuando sea posible, pasar un día excepcional con tu niño en casa es muy agradable; para el padre, porque encuentra placer en mimar y escucha a su hijo, y para este último, porque aprovecha el momento en que su padre es todo para él. Como ha escrito Françoise Dolto: «Cuando los niños tienen el corazón como un vaso colmado, en el instante en que ya no pueden más, sienten necesidad de no ir a la escuela, incluso si no están enfermos».

Hacer la compra con ellos evitando los caprichos

La compra, un momento conflictivo

«Mamá, coge los ravioles 'X', son los mejores, lo he visto en la tele», dice Margarita, de cinco años, cuando acompaña a su madre al supermercado. Luisa, de cuatro años, sentada en el asiento del carrito de la compra, grita para que su mamá compre «los yogures 'Y', que traen pegatinas». Pero los ravioles aludidos son dos veces más caros que los de la marca de la tienda, y los yogures sofisticados, bastante más caros que los yogures naturales.

¿Qué hacer?

- ¿Ceder para tenerlos contentos, ya que al fin y al cabo no es gran cosa? Esto es meter la mano en un engranaje peligroso: con la edad, las demandas de marcas se referirán a productos más caros. ¡Atención, por tanto, al monedero!
- ¿Rechazar corriendo el riesgo de tener alaridos en plena tienda? ¿No será privar al niño de un placer? ¿Es necesario montar una historia por una cuestión de principio?

En resumen: ¿cómo limitar los estragos frente a sus exigencias, directamente salidas de los anuncios de la tele?

Algunas cifras

Según estudios realizados, el 30% de los niños de dos a ocho años escogen sus marcas y las reclaman con vehemencia. Esta cifra está en constante aumento (era del 20% en 1994). Las marcas exigidas por estos muy jóvenes consumidores son aquellas de las que se hace la mayor publicidad.

¿Las madres? Según los estudios, las madres ceden más a menudo. Para darles gusto y para tener la paz...

Cuando el precio del producto anunciado es, en términos generales, el mismo que el del producto habitual, ¿por qué no? Pero este es raramente el caso. Cuanto más nuevo y elaborado sea un producto, será tanto más caro, porque los costes de la puesta a punto, del lanzamiento y de la publicidad son enormes. Al volver con las compras de la semana, la punzada en el monedero no habrá sido la misma...

Encontrar una ocupación al niño

El niño, en su carrito, reclama menos si está ocupado y responsabilizado.

- Pídele su ayuda: estará más concentrado si se siente indispensable.
- Encárgale la tarea de arreglar los objetos correctamente en el carrito. los clasifica, los cambia de sitio, los vuelve a colocar. En fin, todo lo que adora hacer.
- Dale un lápiz para que señale los códigos de barras. Cuando sea más mayor, puede identificar la fecha de caducidad.
- Los más mayores pueden ir tachando la lista de la compra poco a poco, pesando las frutas o sumando los precios en una calculadora.
- En la caja, pídele pasarte los productos para que puedas ponerlos sobre la cinta transportadora.

Algunos consejos para salir del apuro

He aquí algunas ideas sobre comportamientos a intentar para resistir sin defraudar al mismo tiempo a los niños o pasar por ser una mala madre:

- Haz la lista de la compra antes de salir, con calma, en función de tus necesidades y de los deseos de cada uno, y atente a ella. Evitarás así las compras impulsivas, que son las más peligrosas.
- Advierte al niño al llegar a la tienda: «Hoy no cogeremos nada extra».

Una forma de proceder que satisface a todo el mundo: decir una vez «sí» para poder decir «no» enseguida. Cada vez que hagamos la compra, el niño podrá escoger un producto, ora un yogur, ora un paquete de galletas, ora el perfume del suavizante de ropa, etc.

- Permite al niño elegir: déjale escoger entre dos productos que os convengan por igual, con el fin de dejarle el placer de decidir: «Escoge tú el sabor de los flanes. ¿Prefieres chocolate o caramelo?».
- Haz pruebas comparativas: los cereales habituales frente a los mismos de la marca anunciada y más cara. Con los ojos cerrados, ¿cuáles son los mejores?
- Deja hablar a tu niño de sus deseos: un pedido, un deseo preciso; estos no se satisfacen por fuerza, pero se habla de ellos. Más que decir que no, entabla una conversación: «Sí, esa tiene un aspecto delicioso, comprendo que te apetezca... ¿Crees que será ese el color de dentro? ¿Tú te fías de la publicidad?... No, hoy no... tal vez la próxima vez...». Y hemos pasado la sección.
- Desde que sea capaz, enseña a tu niño a leer las etiquetas: «Mira, esos yogures son dos veces más caros. ¿Prefieres un paquete de esos o dos paquetes de aquellos...?». Enseña a los más grandes cómo comparar los precios del litro, o del kilo.

Por último, mucho más que acceder o no a las exigencias de nuestros niños, lo que está en juego es educarlos para ser los consumidores de mañana. Si procedes de esta manera, estarás asombrada de verlos, rápidamente, aplicar algunos de estos principios a todos los objetos que ellos compren por sí mismos. ¡Como que a veces son más económicos con lo suyo que con lo de los demás!

Explícale el papel de la publicidad

La mayor parte de las demandas de los niños pequeños por productos precisos está desencadenada por la publicidad que ven en la televisión. Estos anuncios, destinados en especial al público joven, van a veces intercalados entre dos emisiones infantiles. Difícil de evitar.

Limitar sus demandas pasa por una información sobre la publicidad.

Incluso a un niño pequeño podemos explicarle que la publicidad no es una pequeña película como las otras.

- Está destinada a informar sobre los nuevos productos y a influir en los comportamientos de compra.
- Presenta los productos de manera muy seductora.
- Nos dice siempre lo bueno porque su misión es hacerlos comprar.
- A diferencia de las informaciones y de otros programas, los anuncios son pagados (y muy caros) por los fabricantes, que recuperan este gasto encareciendo el precio de venta de los productos, etcétera.

Divorcio, separación: ¿cómo decírselo a los niños?

Ya no es una vergüenza, pero sigue siendo un sufrimiento

Hoy día, un gran número de matrimonios terminan en divorcio. En lo que concierne a las separaciones de las parejas que viven juntas sin estar casadas, hay una sola certidumbre: la proporción es aún más importante. Ser hijo de divorciados ya no es una excepción o una vergüenza. No se les señala ya con el dedo en el patio del recreo. Sin embargo, es siempre un sufrimiento. Y puede ser incluso un verdadero choque, si no se ha visto venir, si los padres jamás han estado realmente disgustados. Incluso si, con honestidad, pensáis que la separación es la mejor solución para el niño antes que vivir bajo las tensiones o los conflictos permanentes, aun así, no esperéis agradecimientos...

Vuestra decisión está tomada: os vais a separar. La manera como lo anunciéis al niño es muy importante. Su reacción depende en parte de ello. He aquí algunos consejos que os ayudarán a pasar ese momento difícil.

¿Cuándo decírselo?

En el momento en que la decisión esté tomada y vaya a ser efectiva. Será inútil evitar que el niño se haga preguntas o se inquiete. Incluso los niños pequeños deben ser puestos al corriente, con palabras simples, apropiadas a su nivel. El efecto sorpresa, con la impresión de que todo se viene abajo, puede infundir temor. Será menos traumático si el niño lo ha sentido venir y si, más o menos, está a la espera de vuestro anuncio. En el momento de hablar, es probable que te sientas conmovida y tal vez te sea difícil encontrar las palabras adecuadas, por lo que te sentirás más cómoda si has preparado de antemano lo que tienes la intención de decir.

¿Con quién?

Si la relación con el padre o la madre de los niños lo permite, es deseable que informéis juntos a los niños. Ellos se sentirán tranquilizados al constatar que todavía podéis

Cada niño tiene su propia reacción

Algunos experimentarán sentimientos de tristeza o de inquietud. Otros reaccionarán con violencia. Otros incluso se mostrarán irritables o afligidos. Todo esto es normal. En cualquier momento se recobrarán, y tú también.

Algunos no manifiestan nada

Algunos niños no manifiestan reacción alguna ante el anuncio de la separación. Esto puede ser debido a muchas razones:

- No han comprendido todavía todas las consecuencias.
- Les ha faltado tiempo para darse cuenta.
- Ya se lo esperaban.
- Algunos pueden incluso sentirse aliviados, si el ambiente era muy penoso.
- No manifiestan ninguna de sus emociones.

comunicaros y que penséis en lo esencial: en ellos. El objetivo es hacer sentir a los niños que sus padres dominan la situación y que son capaces de resolver ellos mismos sus problemas.

Podéis hablar a los niños al mismo tiempo. Esto reforzará para ellos el efecto de solidaridad. Si son de edades diferentes, mejor será hablar a cada uno con palabras que puedan entender y comprender.

¿Cómo?

Evitando en lo posible el drama y las lágrimas. Mientras más sepas guardar la calma, tanto mejor. No olvides nunca que la necesidad esencial del niño en esta situación es la de ser tranquilizado.

Otro punto importante: este no es el momento de ajustar cuentas con el otro cónyuge o de iniciar un conflicto. Guarda los reproches personales y las acusaciones para otra ocasión. Lo que más ayudará a tu niño a entender lo que vais a decirle y a aceptar esta nueva situación será constatar que existe entre sus padres una relación, si no amistosa, por lo menos tolerante y respetuosa.

Por último, ten presente que hablas con un niño. Utiliza términos simples y sobrios. Evita los detalles sobre vuestra vida de pareja o vuestros deberes sentimentales.

¿Qué decir?

Tan solo la verdad, centrándote en lo que concierne al niño. «Habrás visto que esto no marcha bien entre papá y yo, a pesar de nuestros esfuerzos. Al final hemos decidido separarnos. Es triste, pero son cosas que pasan».

Él querrá saber si tendrá que mudarse, si cambiará de escuela, dónde estarán sus cosas, cómo se organizará su vida...

Insiste sobre lo que permanecerá igual y lograrás eliminar angustias innecesarias.

Dos puntos esenciales

Ante todo, tiene necesidad de ser tranquilizado, de manera firme y tierna, por sus dos padres, sobre los dos hechos siguientes:

- El niño conserva siempre a su padre y a su madre, y no corre ningún riesgo de perder su amor.
- La separación no es en absoluto consecuencia de su comportamiento y no hay nada que él pueda hacer para impedirlo.

Permitir a los niños expresarse

Será necesario dejar a los niños el tiempo necesario para aceptar la nueva situación y evitar enfadarse con ellos, haciendo acopio de paciencia, alentando su participación en la discusión.

Cuando los dos padres hayan hablado, cuando cada uno haya expresado su forma de ver las cosas, es importante dar la palabra a los niños: «¿Hay alguna pregunta que deseéis hacer?».

Algunas preguntas tal vez os sorprendan. Intentad responder con tranquilidad.

Una vez terminada la conversación, enviad de nuevo a los niños a su rutina cotidiana. No hay nada más tranquilizador para los niños que constatar que es todavía obligatorio lavarse los dientes antes de hacerse contar una historia a los pies de la cama...

De vacaciones con el niño del otro

Los niños son la causa de disputa número uno

Por mucho que digan las revistas femeninas al dar a menudo una imagen idílica de familias recompuestas, especie de tribus enredadoras y expresivas, los conflictos no son raros.

Entre todas las causas de dificultades, las concernientes a los niños son mayoritarias. Esto no es sorprendente. Si cada miembro de la pareja tiene ya niños por su lado, cada uno tiene su forma de educarlos, apoyándose sobre principios diferentes. Cuando toda esta familia se encuentra reunida, la situación puede ser explosiva. Por otro lado, el juego de los niños, en este caso, es más bien el de echar leña al fuego...

La única solución consiste en evitar tomar partido por tu niño contra tu cónyuge. Si hay un desacuerdo educativo, habrá que tratarlo en la intimidad, sin la presencia de los niños. Juntos trataréis de encontrar las reglas comunes, valederas para todos. Los niños deben sentir que no tienen ninguna forma de separaros.

«¡Tú no eres mi madre, no puedes decirme nada!»

El niño raramente se alegra con el nuevo matrimonio de uno de sus padres con una nueva pareja. De entrada, para él es la señal concreta de que ha perdido toda esperanza de reconciliar a sus padres. Se da cuenta de que su deseo de volver a verlos formando la familia de origen es vano. Es una despedida que hay que hacer, que requiere su tiempo, y no se lleva a cabo sin algún alboroto.

El período de vacaciones es más difícil que el de los fines de semana habituales: el tiempo es más largo y el niño ha de instalarse realmente. Cualquier niño en esta situación teme encontrarse en un ambiente que no le es familiar, con adultos que no frecuenta a diario.

He aquí algunos consejos dirigidos a la segunda esposa o esposo para que sus vacaciones tengan todas las oportunidades de desarrollarse bien.

Prepararse y comprender

- Apoya siempre al padre o a la madre en su deseo de tener consigo a sus niños durante las vacaciones y de atenderlos. No pongas jamás obstáculos a sus reencuentros. Ni uno ni otros lo perdonarían.
- Prepárate a afrontar una cantidad previsible de conflictos. Los niños no quieren siempre a quien ha ocupado el lugar del padre o de la madre «legítimo». Aceptar demasiado bien a su «madrastra» o «padrastro» sería, en su espíritu, traicionar a su madre o a su padre: es por fidelidad por lo que van a adoptar una actitud de rechazo y a organizar sus rabietas.
- Discute con el padre o la madre cuál será tu papel y cómo se repartirán las tareas. Las mujeres tienen a menudo un papel más importante en los cuidados de los niños pequeños. En el caso de los niños de él, ¿quién se ocupará de ellos a diario?

Desde el principio de las vacaciones

- Los niños reaccionan a veces con su cuerpo: dolor de tripa, dolor de cabeza y vómitos son corrientes al comienzo de la temporada. Esto no significa tanto un rechazo como una inquietud legítima. El niño teme la evolución de sus vacaciones y lo manifiesta.

- Hazte el propósito de no criticar jamás a su madre, ni siquiera hablar de ella de manera descortés. Evita todo conflicto o rivalidad. Y si el niño te lanza: «Mi madre sabe hacer los espaguetis a la boloñesa mejor que tú», responde con una frase del tipo: «¿Sí? Pues tienen que estar realmente deliciosos. Pero, ya sabes, cada uno tiene su receta».
- Explícale claramente los roles, el lugar y las tareas de cada uno, cuando los tengas definidos. Cada uno puede dar su opinión. Una vez alcanzado un acuerdo, trata de mantenerlo.

Durante las vacaciones

- Otorga al niño, con tranquilidad, el derecho a no quererte. El amor no se impone jamás. El niño debe saber, por tanto, que no perderá el amor ni la estima de su padre o madre. No hagas ninguna presión afectiva. La relación se construirá por sí misma con el paso de los días.
- Acepta una cierta dosis de agresividad y de provocación, sin reaccionar demasiado. Pero rechaza dejarte maltratar o victimizar. El respeto te es debido. El límite no es siempre fácil de establecer, y es con el padre o la madre con quien debes discutirlo y confirmarlo. Es él quien debe apoyarte y ayudarte a sentirte a gusto. A tu vez, permanece firme y afectuosa.
- El niño puede, sin ser agresivo, escoger marcar su distancia, incluso ignorarte. Está en su derecho, es su manera de llevar la situación: no lo fuerces en su encierro.
- Las niñas son a menudo celosas de la ternura que su padre manifiesta a su nueva compañera. Sin esconderte, evita las caricias demasiado acentuadas delante de los niños, que lo sentirían como una provocación dolorosa.
- Da pruebas de paciencia y de constancia. Hay que darse un tiempo para acostumbrar al niño y hacerle comprender que, sin hacer daño a nadie, puede tener buenas relaciones contigo. Con el tiempo, encontrará formidable ganar un padre o una madre suplementario, que lo quiera y le demuestre un sincero interés.

¿Y si es tu niño quien se va con su padre y su nueva compañera?

Para una mamá, dejar a su niño durante las vacaciones es ya partirle el corazón, pero saber que pasará esas semanas con la compañera de su ex marido es algo que pone las cosas francamente difíciles. Estos consejos deberían permitir que cada uno pudiera disfrutar de este momento.

- No manifiestes tu contrariedad y tu tristeza a tu niño: le estropearías el placer de irse de vacaciones y de reencontrar a su padre.
- Habla con él de estas vacaciones de forma positiva y tranquilizadora. Cuéntale lo que hará.
- Al hacer la maleta, ponle dentro un objeto de la casa, un paquete de sus bombones preferidos, etc.
- Dile que pensarás en él, que lo llamarás por teléfono con regularidad. Dile dónde estarás.
- Y prepara para ti un agradable empleo del tiempo, ¡lleno de distracciones imposibles cuando tu niño está ahí!

Se niega a compartir o a prestar

«¡Son mías!». «¡No, son mías, no tienes derecho a tocarlas!». «¡Mamá! ¡Me ha cogido mis pegatinas!». «¡Papá! ¡Dice que has dicho que son para los dos!»... ¿Esto os recuerda algo? ¿Y la escena del niño agarrado a su propio cubo que se niega a devolver la pequeña pala roja que acaba de birlarle a su vecina del arenero?... El deseo de poseer y el rechazo a compartir son para los niños una fuente de numerosos conflictos. Puede ser difícil para los padres, que se toman a pecho el tener un niño bien educado, soportar que este coja los juguetes de otros y se niegue a compartir los suyos. Pueden sentirse incomodados, pero esta actitud es totalmente normal.

¿Comprar el mismo juguete para todos?

- Algunos padres con niños de edades similares encuentran más sencillo poner todos los juguetes en común. Otros, por el contrario, compran el doble de todo. La buena solución está entre ambas.
- Comprar el doble de juguetes, como los balones o los juguetes de playa, por ejemplo, disminuirá con certeza los conflictos. Además, los niños tienen necesidad de saber que algunas cosas son solo suyas, en especial los juguetes afectivos (muñecas, peluches, etc.).
- Pero comprar el doble de todo es imposible. Los niños pueden compartir la caja de Lego o los puzzles. Tener algunos juguetes en común es una buena ocasión para animarlos a compartir y hacerles comprender la noción de «a cada uno su turno».

Compartir, una noción que evoluciona con el tiempo

Los pequeños, hacia los dos años, consideran que todo lo que ellos pueden conseguir les pertenece, y que nadie tiene derecho a tocarlo. Si un niño pequeño ansía un objeto, lo coge, incluso si ese objeto está en ese instante en manos de un camarada. El juguete «en activo» es siempre mucho más deseable que aquel que está en el suelo, incluso si aparentemente es igual. Una vez que lo ha cogido, lo guarda para sí, hasta cuando él mismo decide desinteresarse del juguete. Sin embargo, el niño no es malo ni agresivo. Es sólo normal. Egocéntrico como todos los niños de su edad, no quiere más que su propio deseo y se muestra indiferente al de los otros.

Para compartir, ha de ser capaz de ponerse en el lugar del otro y de comprender sus sentimientos. Esto toma su tiempo. Hacia los cuatro años, el niño sabe, por lo general, pedir, cambiar, cooperar y esperar su turno. He aquí algunos consejos para conseguirlo.

Desarrollar su sentido de la propiedad

Paradójicamente, esto lo tranquilizará sobre los juguetes que le pertenecen y le permitirá administrar mejor el compartir.

- No se puede enseñar a compartir a un niño que no ha sido autorizado a poseer en su totalidad. Es bueno que tenga un sitio personal para guardar sus juguetes, al abrigo de miradas codiciosas. Es él quien tiene que decidir libremente si presta o no sus cosas.

- Dale a tu niño bastante tiempo para jugar solo con sus juguetes nuevos antes de pedirle que los comparta. Tiene necesidad de sentirlos suyos una temporada, antes de renunciar a ellos, incluso por poco tiempo, sin demasiada inquietud.
- Explícale que en la casa hay objetos personales y objetos colectivos. Menciónale esos objetos: el pijama de Tomás, su cochecito, etc., de los que él puede disponer a su gusto. Muéstrale los objetos de los demás, de los que no se puede servir sin autorización. Por último, háblale de aquello que se usa por turno, porque pertenece a todos: la televisión o el reproductor de discos, por ejemplo.

Explica claramente a tu niño lo que esperas de él

- Hacia los dos años, el niño comienza a ser sensible a las nociones de justicia y reciprocidad. Es el momento de explicarle que, si él presta un juguete, pueden prestarle otro a cambio. Y que cada uno deberá devolver el que ha cogido.
- Si un compañero va a venir a casa, ayúdale a guardar lo que no quiere en absoluto prestar ni compartir, y a sacar aquellos juguetes con los cuales jugarán juntos. El compañero puede también traer cualquiera de sus propios juguetes, lo que favorecerá el trueque.
- Si tienes muchos niños, anuncia con claridad: «He comprado un paquete de bombones, son para todo el mundo, vais a compartirlos». Luego, déjalos hacer.

Favorece la cooperación y la ayuda mutua

Los niños que prestan son aquellos que han comprendido que esto les interesa.

- Demuéstrales que prestar es también recibir prestado. Descubrirán pronto la reciprocidad entre hermanos.
- Organiza actividades en común: hacer juntos un pastel, por ejemplo. Pon en marcha juegos en los que cada uno juegue a su turno.
- Tanto como sea posible, deja a tus niños desenvolverse solos con su problema. Si intervienes, evita tomar partido. Mejor será ponerse en el lugar de cada uno y ayudarle a comprender lo que el otro siente. Poco a poco llegarán a resolver solos sus conflictos. En lugar de los gritos habituales, oirás: «¡De acuerdo, te presto mi coche rojo, pero tú me dejas tu camión azul!».

No esperes demasiado

Anima a tu niño a compartir, pero sé realista: hace falta tiempo para integrar el concepto mismo de compartir, que es complejo. Tampoco esperes demasiado ni demasiado pronto.

Regañar al niño que se niega a compartir, o castigarlo, no es de ninguna utilidad y no hace más que reforzar su apego a los objetos. No fuerces nada. Más vale explicarle al otro niño: «En este instante no tiene ganas de compartir su juguete». Después de todo, si es suyo, está en su derecho…

No aceptes las comparaciones

Algunos niños tratan de manipular a sus padres con frases como: «Mi hermana tiene siempre muchos regalos», «Siempre es él quien tiene más pastel», «A mí, tú no me das nunca besos», etc.

Intenta ser justa, pero rechaza, de manera absoluta, entrar en su juego. «Os quiero a todos por igual, pero a cada uno de una manera, porque sois todos diferentes».

Los niños se pelean: ¿hace falta intervenir?

¿Qué padre, que haya soñado con una gran familia, armoniosa y solidaria, puede decir que soporta con serenidad y sin decepción las peleas permanentes de sus niños? Esto lo hace remontarse a los peores recuerdos de su propia infancia. ¿De modo que esta es la fraternidad; esta serie, casi sin interrupción, de pequeñas crisis, de frases desagradables, de mezquindades, de rechazos, incluso de injurias y de golpes? Seguro que no... pero esto es así. Desde que se tienen dos niños o más, la rivalidad está presente, y los celos también. Es solo poco a poco como aprenden a ponerse en el lugar del otro y a respetarse.

No tomes las palabras demasiado a pecho

En las disputas entre hermanos y hermanas, las frases asesinas fluyen fácilmente:

- «¡Te odio!».
- «¡Nunca jamás te prestaré mi muñeca!».
- «¡No te perdonaré jamás!».
- «¡La próxima vez te mato!».

Estas escenas son excesivas, pero se olvidan enseguida. Si los niños se permiten tales frases, es porque sus relaciones son apasionadas y porque saben con certeza que sus palabras no tienen consecuencias.

Palabras de niño

«Yo y mi hermana reñimos todo el tiempo. Incluso a veces nos peleamos. Pero es con ella con quien yo me divierto más. Cuando ella no está, me aburro».

Las causas de la rivalidad

Todos quieren la parte más grande del amor paternal. Cada niño quiere para él solo todo el amor y toda la atención de los padres, pero como eso parece imposible, por lo menos intenta tener más que sus hermanos y hermanas.

Las rivalidades por el poder o por la posesión son igual de fuertes. El mayor cree tener ciertos privilegios debidos a su edad, a su tamaño y a su posición, por lo que abusa a menudo. El segundo, sensible a la injusticia, no para hasta que establece que él también puede ser fuerte y listo. A cada uno sus armas: el pequeño a chinchar y el mayor a pegar... y la riña está servida.

Bien llevada, esta rivalidad forma también el carácter de los niños: les enseña la negociación, la generosidad, la vivacidad. Después de todo, en la vida, nadie tiene «todo» para uno solo. Sin embargo, esto lo aprende pronto. Y además, ¡no perjudica en nada el afecto que los niños se tienen!

Las actividades de los padres

Los padres pueden contribuir a mantener estas disputas fraternales dentro de límites razonables y ayudar a los niños a manejarlas y transformarlas, poco a poco, en actitudes de cooperación. Ciertos comportamientos educativos tienen cierta eficacia, sobre todo aplicados con constancia y desde la más tierna edad.

- No tomes partido por ninguno. Evita darle la razón a uno de los niños contra el otro, o castigar solo a uno, lo que no hace más que acrecentar la sensación de ser el «menos querido», de donde viene la rivalidad. Prefiere la simple observación: «Yo veo dos niños disgustados que harían mejor en separarse un momento a fin de recuperar la calma».
- Prohíbe la violencia física, pero permite que los sentimientos negativos se expresen. Si es preciso, ayúdales: «Veo que estás furioso porque tu hermana ha roto tu puzzle». Sentirse comprendido en su sufrimiento y su frustración ayuda a pasar el deseo de venganza.
- Hasta los cinco o seis años, regula los problemas con los niños. Escucha las quejas, instaura los turnos, demuestra las ventajas del intercambio, vigila el equilibrio de fuerzas, busca con ellos una solución que convenga a todos. La constancia obtendrá su recompensa: lo harán muy pronto sin ti.
- Define, explica y haz aplicar ciertas reglas de comportamiento: «No se hace daño», «Un objeto prestado debe ser devuelto», «No se registran las cosas de los demás en su ausencia», etc. Las reglas han de ser claras y deberás velar por su aplicación, incluso por los más jóvenes. Acondiciona el espacio para favorecer la armonía: un pequeño candado vale más que un eterno objeto de disputa.
- Demuestra a cada niño que lo aprecias porque es único y diferente, y que lo amas de una forma muy especial. Esto es más eficaz que pretender dar a cada uno la misma cosa, midiendo las partes del pastel o contando el número de regalos.
- Valora la solidaridad y la cooperación entre ellos. No prestes ninguna atención al que «informa». No fomentes las denuncias. Practica en cambio los castigos colectivos o las «tareas de interés colectivo» para realizar en común.
- El ejemplo sigue siendo el mejor método. ¿Deseas que tus niños se dominen y sean más fuertes que sus impulsos? Demuéstrales con tu comportamiento que es inútil gritar para imponerse y que pueden negociar sus desacuerdos con calma.

¿Intervenir o no?

Los conflictos entre hermanos son inevitables y algunos forman parte de toda infancia. Son una forma de aprender a provocar a los demás. Los padres no deben sentirse obligados a intervenir, salvo si fuera necesario. La decisión es delicada:

- La intervención del adulto, no siempre con habilidad, puede envenenar las cosas.
- El objeto subyacente de la disputa es a menudo forzar a los padres a enfadarse con el otro. Intervenir en ese marco es, por tanto, hacerle el juego a uno de los niños en contra del otro.
- Intervenir por sistema, por otra parte, impedirá a los niños aprender a encontrar solos la manera de resolver sus conflictos.

Por ello hay que mostrarse atento y vigilante. En el caso de que la disputa se traduzca siempre en el dominio de un niño sobre el otro, quedando uno en situación de sumisión, se impone una intervención para romper ese mecanismo.

Hermanos: ¿una habitación para cada uno?

Esta es una idea muy difundida, dictada por la actitud de numerosos padres en la elección del arreglo de su casa: es mejor que cada niño tenga su habitación, aunque para ello los padres deban dormir en el salón. Pero ¿es tan seguro que esta solución sea la mejor para el desarrollo de cada uno? La respuesta depende de numerosos factores.

El reparto del espacio familiar

No es raro que una mala gestión del espacio familiar sea la causa de malestares como los trastornos del sueño en uno o en otro miembro de la familia: habitación individual poco aprovechada, habitación de los padres con múltiples funciones, etc. Para que todos se sientan seguros, es deseable que los padres tengan un espacio íntimo para resguardar a la pareja, que el salón sea el centro de convivencia de la casa, el lugar de los intercambios familiares, y que la(s) habitación(es) de los niños no sea(n) solo un dormitorio común, sino también un espacio de diversión y de juegos compartidos.

Cuatro «buenas» razones para dar una habitación a cada niño

En el caso de que la vivienda lo permita, es a menudo la mejor elección en los casos siguientes:

- Los niños son de sexos diferentes. Mientras son pequeños, no hay problema. Pero al crecer es normal que sus juegos y sus centros de interés difieran. Y también es normal para algunos que, al crecer, las nociones de pudor puedan acabar creando un malestar. En las familias numerosas, llega el momento en que se tiene la habitación de las niñas y la habitación de los niños.
- La diferencia de edad es importante. En este caso también los centros de interés son tan diferentes que hacen la cohabitación difícil a la fuerza, aunque no imposible. Requiere del mayor una gran paciencia, y del pequeño, el aprender a respetar aquello que no le pertenece.
- Los conflictos entre los dos niños son muy frecuentes. Cualesquiera que sean los esfuerzos de los padres, llega el

Cuando los padres tuvieron el deseo de tener una habitación para ellos

Es a menudo una de las causas de la elección de los padres. Cuando ellos eran niños, tuvieron que compartir su espacio con sus hermanos o hermanas, y guardan a veces recuerdos amargos. Por eso quieren ofrecer a sus niños lo que ellos no tuvieron, incluso lo que ellos desearon: una habitación para cada uno. Sin preguntarse si este sueño es también el de sus niños, ni si este deseo es también el suyo.

Si desean continuar durmiendo juntos

¿Por qué separar a unos niños que prefieren estar juntos en el calor, incluso conflictivo, de la fraternidad? Antes de los once o doce años no suelen pedir soledad, sino vitalidad.

¿Tenéis más habitaciones que niños? Transformad una de ellas en una sala de juegos…

momento en que los dos hermanos o las dos hermanas atraviesan por fases muy conflictivas, de rivalidad y de peleas sin fin. Si los dos niños disputan sin parar, será preferible darles la oportunidad de aislarse, cada uno en su espacio.

▸ Lo piden ambos niños y, visto el tamaño de la casa, no hay razón alguna para no estar de acuerdo.

Cuatro «buenas» razones para compartir la habitación

Compartir la misma habitación tiene numerosas ventajas, sobre todo si los niños son del mismo sexo o de edades aproximadas.

▸ Ayuda a luchar contra los demonios de la noche. Todos los niños pequeños de entre dos y diez años, aproximadamente, tienen miedo de la oscuridad. Ser dos (o tres) es ser dos veces más fuertes para echar a ¡los monstruos escondidos debajo de la cama y los ladrones emboscados en el armario!

▸ Se aprende a negociar y a compartir. Compartir su habitación, incluso si esta es grande, obliga a hacerle sitio al otro. Con el tiempo, se vuelven con rapidez solidarios y cómplices. Las maldades se hacen entre dos; las buenas sorpresas, también.

▸ Duplica la cantidad de juguetes disponibles. La habitación es también, muy a menudo, el lugar donde se guardan los juegos y los juguetes. Vivir dos en esta habitación supone tener al alcance de la mano el doble de juguetes y ¡el compañero que hace falta!

▸ Esto impone a cada uno el aprendizaje del respeto. Vivir dos en un espacio pequeño es tener que aprender, a veces con brusquedad, a respetar al otro, sus asuntos personales, sus secretos, su ritmo, sus pequeños hábitos. Se aprende también a hacerse respetar.

Es importante que el niño se sienta bien en su habitación

Por último, esto es lo esencial. Cuando el mayor entra en el colegio o empieza su adolescencia, los niños están a menudo contentos de estar en la misma habitación, siempre que cada uno tenga su propio rincón (mesa, estantería o cajonera) inaccesible para los otros (por respeto o mediante una llave). También podemos dividir la habitación con una separación simbólica (estantería, mampara corredera) o instalando un altillo.

Las camas superpuestas

Por lo general, ponemos al mayor arriba, porque es el más hábil, no se levanta por la noche y corre menos riesgo de caerse, y al más pequeño debajo. Este último, seguramente, pronto encontrará esto inadmisible, y pensará que el mayor está siendo privilegiado. ¿Qué hacer?

▸ Ayudarle a admitir que, en efecto, cada lugar entre hermanos es portador de privilegios e inconvenientes.

▸ Prométele que cuando tenga cuatro años (o cinco, a tu elección) harán el intercambio cada año.

▸ Fabrícale una casita poniendo una tela todo alrededor de su cama, como una cortina.

Si tus niños duermen en camas superpuestas, convendréis en que la vista para el que duerme debajo no es demasiado agradable. ¿Por qué no grapar debajo de la cama de arriba un gran cartel o una tela en la que hayamos pegado, por ejemplo, pegatinas de estrellas que brillan en la oscuridad? Este dosel le encantará al niño y lo protegerá además de todas las motas de polvo que puedan caer.

men
Reyes

tiras

ir al psicólogo

buena educación

muerte

Magos

Los niños adoran la fiesta

Inventar la fiesta cotidiana

Un solo aniversario por año, una sola Navidad... El intervalo parece muy largo. Las fiestas que conciernen a los niños son muy escasas, muy esperadas, muy preparadas también. El día de fiesta pasa demasiado rápido. Desde el día siguiente, hay que esperar al próximo... Los niños encuentran que lo cotidiano, con su carga de tensiones y obligaciones, no es muy divertido. ¿Quién puede culparlos?

La rutina de nuestro empleo del tiempo, una dosis de agresividad contenida, el cansancio del fin de la jornada y la fuerza de los hábitos no favorecen la expresión cotidiana de una franca alegría...

Los niños aman las fiestas, los días que se salen de lo normal. Dan sorpresas y quieren recibirlas. Con sus pequeños regalos, sus dibujos y su alegría de vivir nos dan el ejemplo. Entonces, ¿por qué no inventar la fiesta cotidiana? Las ideas para hacer una fiesta no faltan. Si tú no las tienes, pregunta a tus niños: ellos no estarán jamás faltos de imaginación para inventar las farsas y dar las sorpresas. Adoran preparar y participar, anticipando tu alegría a la suya.

Transmitir una imagen del mundo

Estas pequeñas fiestas cotidianas constituyen momentos en los que los niños están muy unidos, sin agresividad, donde se piensa antes en el placer del otro. Lo esencial está ahí: en esa alegría cómplice que une a la familia, da seguridad a los niños y les convence de que la vida es buena y dulce.

Los beneficios de reír

Parece que no nos reímos mucho... ¿Sabes que la risa provoca la secreción de endorfinas en el cerebro, que nos ayuda a sentirnos más felices? Sosiega en profundidad, ayuda a luchar contra la tensión y favorece por igual la curación de ciertos malestares. Parece posible, por otra parte, que los hábitos adquiridos en la infancia sean determinantes para el porvenir...

Sin ninguna duda: ¡reír con nuestros niños es una necesidad educativa!

La fiesta: un estado de ánimo

Mucho más que un aumento de tiempo, de dinero o de energía, tomar la vida como una fiesta requiere de antemano un estado de ánimo diferente. Es verdad que cada uno regresa cansado de su jornada en la escuela, el colegio o el trabajo. A menudo, los padres no tienen más que un deseo: relajarse, tener un poco de paz y limitar las contrariedades de la comida al máximo.

Pero ¿es esta la idea de la vida que aspiramos transmitir a nuestros niños? ¿De jornadas agotadoras que impiden cualquier deseo de divertirse o de innovar? No olvidemos que el ambiente en el cual se desarrollan los momentos pasados juntos será determinante para los adultos en que se convertirán...

Se trata solo de cambiar el punto de vista

Las pequeñas fiestas cotidianas demandan más creatividad que esfuerzos. Las ocasiones de sorpresa, de placer o de complicidad compartidas son numerosas.

- ¿Has hecho una tarta preciosa? Aprovecha para festejar la llegada de la nueva estación o el aniversario del gato.
- ¿Has comprado para tu hijo un par de calcetines? Envuélvelos en un bonito papel y conviértelo en un pequeño regalo.
- ¿Tus niños no quieren irse a la cama? Improvisa una tienda en un rincón de la habitación y dales sus sacos de dormir…

Un antídoto al conflicto

El momento en que el ambiente esté un poco pesado y las relaciones tensas puede ser el más propicio para salir de lo acostumbrado e intentar hacer algo distinto. Incluso el niño más «gruñón» será sensible al cambio de atmósfera.

Un ejemplo: las comidas «innovadoras»

¿Tu niño refunfuña para venir a la mesa y picotea en su asiento? Reemplazar una comida por una merienda en el parque (o en la alfombra del salón) regocijará a más de uno.

Piensa también en un menú nuevo. Proponles las «comidas a lo loco», en las que todo está puesto encima de la mesa y cada uno se sienta donde prefiere. Los días de sol, proponles una comida toda amarilla (maíz, huevos, puré, plátanos, piña…); los días de lluvia, una comida rosa (rábanos, salmón, puré de remolacha con patatas, yogur de fresa, refresco de granada…).

Si no has tenido tiempo entre semana ni para la fiesta ni para los momentos felices, resérvales los domingos. La fiesta de los reencuentros y de los mimos puede ser el desayuno familiar, en la cama grande, en medio de risas, de charlas y de migajas.

Un momento de libertad y de transgresión

Los niños están todo el día sometidos a sistemas que les obligan a ser sensatos, razonables, tranquilos, obedientes… Es bastante pesado para los pequeños, que no sueñan más que con ¡liberarse y tontear! En tal caso, hacer una fiesta es también este espacio de libertad: tener derecho a aquello que está normalmente prohibido.

Es también jugar a ser el otro. De ahí la pasión de los niños por el maquillaje y los disfraces. La fiesta, para ellos, puede ser prestarles los productos de maquillaje reales y dejarlos maquillarse a su gusto. O bien dejarles libre acceso al guardarropa de los padres y permitirles disfrazarse de «papá y mamá».

Todos los niños son artistas

En las pequeñas fiestas familiares, todos participan. A uno le encantará decorar el plato de verduras, el otro pondrá pequeños ramos sobre la mesa, otro se afanará en doblar las servilletas como un jefe de cocina.

Platos desechables, preciosamente decorados, rematarán el conjunto.

Las alegrías de lo prohibido

La fiesta de lo cotidiano, para los niños pequeños, es también el derecho a poder hacer todo lo que habitualmente está prohibido. Por una tarde, podemos… Mañana estará prohibido de nuevo. ¿Qué hacer entonces?

- Trasnochar hasta la medianoche.
- Salpicar con el agua de la bañera.
- Saltar sobre la cama de los padres.
- Comer con los dedos.
- Dormir con la hermana.
- Comenzar por el postre.
- Etcétera.

Si cree todavía en los Reyes Magos

La tradición de los Reyes Magos es maravillosa

Esta tradición es señal de verdadera generosidad: los regalos «caídos del cielo» sin haberlos merecido, así como la gratuidad del don: el niño lo agradece con la alegría que expresa.

Sin embargo, la frase «¡Tú crees en los Reyes Magos!» no es muy halagadora. Significa: «Tú, en realidad, eres bastante ingenuo, ya lo verás, te han engañado». Ahora bien, no es nunca saludable engañar a un niño. Los niños confían totalmente en sus padres, a quienes no imaginan contándoles cosas falsas, incluso con buena intención.

El desengaño de quien descubre la verdad a través de los compañeros puede ser grande: es una parte de su infancia que se escapa, junto con una parte de su confianza en los adultos. Está resentido con sus padres, pues por su causa se ha sentido en ridículo delante de los otros. Ahora bien, llega una edad, alrededor de los ocho años, en que la mayor parte de los compañeros ya no creen en los Reyes Magos. Han visto demasiados Reyes disfrazados en la calle, que tratan de ganar algún dinero representando su papel. Saben que en una noche no pueden repartir regalos a todos los niños del mundo, que en la televisión anuncian muchos juguetes para que los compren justo cuando están a punto de llegar los Reyes. Aunque los padres tengan mucho cuidado, los niños siempre pueden ver un paquete… En resumen, han entrado en el mundo real, el mundo de los mayores.

Nos toca a los padres hacer evolucionar poco a poco la creencia en los Reyes Magos de nuestro niño. La estrategia tiene tres puntos:

Navidad, símbolo de generosidad

Más allá de los regalos, de las cenas de medianoche, de la fiesta, la Navidad es también el símbolo de la generosidad y del cuidado del otro. Tu niño sabe que será mimado por la suerte y se sumerge con placer en los catálogos de juguetes. Es el mejor momento para atraer su atención sobre aquellos que tienen menos oportunidades y para ayudarlo, muy en concreto, a hacer también regalos a otros, a su medida.

La carta a los Reyes Magos

Es tradicional que los niños pequeños escriban a los Reyes Magos para hacerlos partícipes de sus deseos y esperanzas. Incluso los más pequeños, los que no escriben todavía, pueden hacer un buen dibujo. Si queréis guardar recuerdo de las preciosas cartas de vuestros niños, no enviéis más que las fotocopias…

Ayudar al niño a diferenciar lo real de lo imaginario

¿Veis una serie en televisión? Explícale que esos personajes no existen en la vida real.

¿Le lees una historia? Coméntale que es una historia inventada y dile el nombre del autor.

Ayúdale a diferenciar entre lo que existe «de verdad» (él, tú, su padre, su perro, las informaciones, etc.) y aquello que existe «para divertir» (las hadas, el héroe de su libro, Blancanieves... y los Reyes Magos). El niño admite muy bien que existan dos niveles de existencia, uno real y otro imaginario, incluso si no ve siempre la diferencia entre los dos. Lo esencial es que conozca esta distinción.

¿Te cruzas con algún Rey Mago en la calle o en el supermercado? ¿Tu niño te pregunta cómo puede haber tantos? Sé clara: son señores disfrazados, que están ahí para vender fotos o juguetes, para distraer a los clientes y crear un ambiente animado.

No esperes demasiado para hacer evolucionar tu forma de hablar de los Reyes Magos

Desde el principio, involúcrale: «Se cuenta que los Reyes Magos llegan por la noche subidos en sus camellos». Si el niño te pregunta dónde viven, respóndele: «Yo no lo sé, pero tú, ¿qué te imaginas? Y su palacio, ¿cómo será?». Así comienza un juego lleno de imaginación que hemos construido y vivido juntos y como lo que es: una historia inventada.

El día en que él descubra la verdad, tendrá la impresión de saberla ya de antes y no se sentirá engañado. Por último, una o dos navidades antes de que el niño cumpla los ocho años, toma con suavidad un poco más de distancia con el mito. Por ejemplo, si los Reyes Magos pasan todavía por la casa, los amigos y los allegados asumen sus propios regalos.

Si el niño te plantea preguntas directas, responde con honestidad, pero con muchísima suavidad. Incluso con la sensación de «siempre lo hemos sabido», compartir el secreto de las personas mayores significa perder en parte aquello de la magia de la Navidad, lo cual siempre lleva impreso una cierta tristeza. Pasar al mundo de los mayores abre algunas nuevas perspectivas, pero impone también serios renunciamientos.

Lo que hay que evitar

- Cuando el niño trae de nuevo su relato conmovedor: «¡Rosario ha dicho que los Reyes Magos no existen!», responder con una frase como: «¡Seguro que existen, porque yo te lo digo; Rosario ha querido hacerse la interesante!».
- Forzar al niño a creer, por miedo de verlo decepcionado o desencantado. Esto supone el peligro de que consigamos el efecto contrario.
- Dejarle creer en los Reyes Magos más allá de los nueve años.

Navidad y cumpleaños: fiestas diferentes para el niño

La Navidad y el cumpleaños forman parte de la iniciación de los ritos familiares. En estas fiestas ponemos en marcha las bases de una tradición que se perpetúa. Son etapas importantes. Pero en Navidad, toda la gente está en ebullición: en la casa, en la guardería, en el colegio... Hay un cambio de ambiente muy general, una excitación global que el niño siente muy bien. Mientras que el aniversario es una etapa mucho más íntima. La fiesta es solo para él.

El niño, incluso desde muy pequeño, distingue muy bien el carácter excepcional de la fiesta. Juzga la importancia del evento desde el punto de vista de sus padres. Va a estar mucho tiempo sujeto a ese barómetro. El niño pequeño no tiene conciencia del tiempo, ignora totalmente lo que «un año» significa. Pero percibe muy bien que todo el mundo se alegra y sabe enseguida lo que quiere decir «regalo».

La buena educación, un trabajo de larga duración

Esta impresión de repetir mil veces la misma cosa…

Al principio es «Di gracias a mamá», «Usa el tenedor antes que los dedos», «Di adiós a la maestra». Y luego: «Quita los codos de la mesa», «Pon la mano delante de la boca cuando tosas», «No interrumpas». Por último: «Escribe a tu madrina para agradecerle», «Decimos: Buenos días, señora», etc. Sin hablar de las palabrotas… ¿Eso te recuerda algo? Normal. Si una cierta cortesía parece perderse, no es por no intentar transmitir lo esencial. Pero entonces, ¿por qué resulta tan difícil? ¿Por qué los niños capaces de retener los nombres de los huesos o de hacer complejas divisiones parecen olvidar sin cesar las reglas más elementales del saber vivir (que uno les machaca, sin embargo, desde su más tierna infancia)?

¡Paciencia!

Su aprendizaje, que comienza en la primera infancia, no suele olvidarse en la adolescencia. Los padres siembran sus pequeñas semillas, las riegan día tras día… pero no verán el resultado hasta muchos años más tarde. Si ciertas reglas pueden convertirse en automáticas (como presentarse por teléfono o sostener la puerta abierta al que viene detrás), la mayor parte son aplicadas de forma irregular. Algunas reglas no serán utilizadas hasta que el niño, ya mayor, sienta él mismo la necesidad social de cumplirlas. Hay que hacer gala de una gran paciencia: inútil esperar de nuestros niños lo que ellos no son todavía capaces de realizar, pero, por lo mismo, no habrá que renunciar jamás: trabajamos a largo plazo, para el día en que una mamá nos diga: «¡Qué niño tan encantador el tuyo, qué suerte tener un niño tan bien educado!».

Ser bien educado: ¿por qué?, ¿para qué?

El aprendizaje de la cortesía depende también, como todos los otros, de la motivación. Para los padres, el asunto está claro: saber comportarse en sociedad es una manera de demostrar su respeto por el otro, de hacerse acep-

El valor del ejemplo

El ejemplo es el medio más eficaz de enseñar la buena educación. El niño, sin darse cuenta, modela su comportamiento sobre el de los adultos de referencia, sus padres. Por ello es siempre útil echar un vistazo crítico y objetivo sobre los propios hábitos. Si los padres no aplican ellos mismos «las buenas maneras» que preconizan, sus exigencias no tendrán efecto.

El niño va a ser sensible al hecho de que sus padres son educados y receptivos con él y respetan su punto de vista en una discusión. Se va a dar cuenta de que sus padres son corteses entre ellos, con sus amigos y con otras personas; de que dicen sistemáticamente «por favor» y «gracias». Cuando llegue su turno, serán estos códigos sociales los que aplicará espontáneamente.

tar y de conseguir que las relaciones humanas sean más agradables. Pero ¿cuál es la motivación del niño? De pequeño, quiere complacer a mamá, y dice: «Si tú quieres», porque esto le permite obtener lo que él quiere. Más adelante, el niño no ve la utilidad de esfuerzos semejantes. Por el contrario, encuentra estas reglas un tanto hipócritas y muy superfluas. Es ahí donde hay que insistir, porque el trabajo de la educación nadie lo puede hacer en tu lugar.

He aquí algunos consejos

Sé realista con lo que esperas

La cortesía que podemos esperar de un niño depende de su edad y de su desarrollo. Pero tampoco hay que subestimar sus capacidades demasiado. Un niño de seis años puede aprender muy bien a presentarse cuando responda al teléfono, o a no levantarse de la mesa sin pedir permiso.

El niño no puede tampoco ser perfecto todo el tiempo. Comprende muy deprisa que, según los lugares y las situaciones, debe controlar más o menos su comportamiento, lo que nosotros hacemos igualmente.

El niño pequeño de menos de tres años

Es la edad de poner las bases: las cuatro palabras mágicas (buenos días, adiós, si tú quieres, gracias), los principios del respeto y de compartir. A esta edad, el otro en realidad no es tomado en cuenta: las primeras reglas de cortesía van a intentar introducir esa reflexión. El método más eficaz consiste en enseñar una sola regla a la vez. Si «gracias» te parece prioritario, concéntrate en esta exigencia y deja el resto de lado hasta que el hábito se haga presente.

De tres a doce años

Con el comienzo del colegio se pone en marcha la época de las palabrotas. Si las primeras («caca») hacen reír al principio, las verdaderas nos divierten mucho menos. El niño comprende con rapidez que una cierta forma de expresarse no debe pasar de la puerta de casa. Al paso de los años, la influencia de los compañeros se hace preponderante y el niño tiende enseguida a adoptar las reglas del grupo. Se debe, por tanto, continuar haciendo respetar las reglas importantes de la casa. Los padres explican que ellos guardan esa cortesía y felicitan al niño cada vez que su comportamiento lo merece.

Las reglas mejor asimiladas serán las más simples y claras, expresadas en términos positivos, siempre las mismas y repetidas de manera incansable cada vez que se necesite.

Repetir otra vez y otra...

La mayor parte de los padres terminan por preguntarse si sus niños no estarán un poco sordos, si no tendrán la cabeza dura en particular o si será por molestarlos por lo que se obstinan en no aplicar las pocas reglas simples que les han enseñado...

De hecho, hasta alrededor de los seis años, ser educado no parece muy importante para los niños. Ellos no le ven ninguna ventaja. A la inversa de frases como: «Tengo sed», «Pipí», «No quiero irme a dormir», que son de una utilidad inmediata.

Por tanto, es indispensable recordar al niño lo que se espera de él y mantener una ligera exigencia, si deseas obtener, cuando la madurez llegue, los frutos de tus esfuerzos...

Mi niño se porta muy bien... en casa de los demás

¿Quieres juzgar los resultados de la educación que estás dando a tu niño? Envíale a pasar algunos días con su tía, o bien déjalo que acepte la invitación de pasar el fin de semana con su compañero Pepe.

Los resultados de tu educación

Con seguridad, te quedarás sorprendida de lo que te dirán de él. Ayuda a poner la mesa, se come las verduras, estira su edredón... En casa tienes la imagen de un niño que hace lo menos posible y sólo ayuda, de muy mala gana, en el momento en que te enfadas.

Al fin y al cabo, que nuestros niños sean capaces, cuando la situación lo exige, de comportarse con corrección y de aplicar los conceptos por mucho tiempo repetidos, es bastante tranquilizador. Imagina que esto fuera a la inversa, ¡y que él olvidara lo que le has enseñado! Contradiciendo lo que hayas podido creer, tu educación ha surtido efecto.

En casa, uno se relaja

Pero ¿por qué no lo aplica también en casa, así de espontáneo? Porque, para el niño, su casa es, para empezar, el lugar de la tolerancia, del calor. Es el entorno donde uno puede dejarse ir y relajarse sin esfuerzos, o donde uno es amado y aceptado sin condiciones. ¿No reaccionamos nosotros un poco por el estilo?

«En casa» ¿no es el lugar donde podemos, al abrigo de las miradas de fuera, dejarnos ir y olvidar de momento esfuerzos y tensiones? Hay que comprender que, para el niño, estar «bien educado» no es todavía un hábito, sino una carga molesta.

La situación tiene sus lados buenos y malos

¿Cómo puedes sacar partido?

- Consigue que inviten a menudo a tu niño a casa de los amigos, con el fin de que experimente su «buena educación»; esta se convertirá más pronto en un hábito.

Hacia los tres años aparece la conciencia de sus actos y de sus consecuencias

- El niño imita al adulto en sus actividades cotidianas. Da a sus muñecos órdenes que recuerdan extrañamente a las tuyas. Si su oso hace una tontería, él se disgusta y le reprende.
- Acepta la idea de que si desobedece, te enfadarás, y que si hace una tontería, lo debe arreglar. Por ejemplo: «Ya que has mojado el cuarto de baño con el agua de la bañera, vas a secarlo con la bayeta».
- Descubre que el adulto también puede ser ignorante, decir tonterías o cometer errores. Pregunta «por qué» hasta que el adulto no sabe qué responder. Pillar al adulto se va a convertir en uno de sus deportes favoritos.
- Comprende que las exigencias son diferentes de una persona a la otra, y que de un lugar al otro, los reglamentos no son los mismos. Sabe que de ahora en adelante la moral y la cortesía son de medida variable...

- Invita a menudo a compañeros de tus niños a tu casa. Aquellos se tomarán en serio el portarse bien y servirán de ejemplo a tus niños.
- Algunas noches, o bien el domingo a mediodía, juega «al gran restaurante» en casa, o bien a «comer en casa de la princesa». Uno se viste con esmero, utiliza los cubiertos de pescado, no corta la palabra a nadie, etc. Cuida el menú y pide a cada uno comportarse como si esta comida se celebrara en un lugar muy elegante, con mucha «clase»...
- Demuestra a tu niño, muy en concreto, cuando llames su atención sobre anécdotas cotidianas, los beneficios de la cortesía. Que comprenda las ventajas muy determinadas que conseguirá con el hecho de ser bien educado. Por ejemplo, con sus profesores...
- Explícale a tu niño que comprendes su necesidad de relajarse, pero que él debe observar, incluso en casa, algunas bases mínimas de corrección sobre las que no se puede transigir. Exponlas con claridad y cuida de que sean respetadas.
- Modula tus exigencias: estas pueden ser diferentes según que conciernan a la habitación del niño, su lugar privado, o a los lugares comunes a todos. Es aceptable que a los siete años no ordene su mesa según tu idea, pero esto no es tanto como dejar su ropa tirada por el salón o los restos de su merienda sobre la mesa de la cocina.
- Dale ejemplo. Los niños son más sensibles a los actos que a los discursos. Tendrán siempre la tendencia a modelar sus comportamientos por el tuyo. Muéstrate cortés, servicial y atenta con los que te rodean: tus niños, con el tiempo, tendrán la tendencia a imitarte.

¿Se te hace largo el tiempo? Sugiéreles pequeñas atenciones:

- «¿Y si traes a papá un vaso de zumo de manzana?».
- «Cuando cojas un bombón, ofrece también a los demás».
- «Si le mandas un dibujo a tu abuela, se pondrá muy contenta».

Una última cosa importante

Te has sentido tranquilizada y contenta porque aquellos que han recibido a tu niño te han felicitado por su simpatía y su educación. En tal caso, no olvides hacer lo mismo cuando recibas a un niño en tu casa: esto tranquilizará a sus padres, que con toda probabilidad comparten tus inquietudes.

Lo que puedes esperar de un niño de seis años

- Levantarse solo el domingo, sin hacer ruido, e ir a mirar los dibujos animados en espera de que los padres se despierten.
- Vestirse solo. Servirse los cereales en un bol, con leche por encima.
- Poner a diario su ropa en el cesto de la ropa sucia. Estirar su edredón.
- Responder educadamente al teléfono, presentándose.
- No interrumpir a las personas cuando hablan.
- Decir por sistema «buenos días», «adiós», «por favor», «gracias».
- Ayudar en las tareas domésticas corrientes. Si tienes muchos niños, puedes organizar turnos. Uno, de «servicio» lunes, miércoles y viernes; el otro, martes, jueves y sábados. Los domingos, todo el mundo se pone manos a la obra.

El hurto: ¿qué hacer?

Los padres tienen poca memoria

El robo en la infancia es tan común que, sin duda, muchos de nosotros han «birlado» en algún momento u otro de su infancia o de su adolescencia, sin por ello haberse convertido en delincuentes. Pero no importa: incluso si el robo es mínimo, cualquier padre que debe hacer frente a esta situación se inquieta de inmediato. Es suficiente que se dé cuenta de que su niño se ha apoderado de algo que no le pertenece para que enloquezca, se disguste y tema por su porvenir...

La situación es, por tanto, frecuente. ¿Qué madre no ha encontrado, en la pequeña mano pegajosa de su niño, el pirulí que ella se había negado a comprarle en la cola de la caja diez minutos antes? ¿Y cuál no ha recuperado del fondo de la lavadora un cochecito que está segura de no haber visto antes? Pero incluso esta frecuencia, si tiene el mérito de tranquilizar, no significa que deba dar lugar al desinterés.

Robar es un acto deshonesto y la honestidad es un aprendizaje. Entonces, ¿qué hacer?

Tener en cuenta la edad del niño

Podemos hablar de robo sólo cuando un niño sabe lo que hace. Esta toma de conciencia se presenta entre los tres y los seis años. Hasta entonces, como el sentido de la propiedad no está bien establecido, no se trata de robo, sino de «hurto». El niño toma lo que le gusta en el momento en que lo desea, sin preocuparse por las consecuencias para el otro.

Como se siente el centro del mundo, acapara todo lo que forma parte de su «territorio», es decir, lo que él percibe. Poco a poco, según la actitud de los padres, aprenderá que «eso está mal» y que «debe pedirlo».

Intenta comprender

Es importante intentar comprender; ahora bien, las motivaciones son múltiples y dependen de cada niño.

Aquí hay algunas, que son, por tanto, pistas de reflexión:

- El robo es utilitario. El niño tenía ganas de alguna cosa que no ha podido comprar o que sus padres le han negado, y se da por servido, en la tienda o en el monedero de su madre.

Para comprender hay que hacerse las preguntas adecuadas

- ¿Cuáles son las circunstancias del robo (en la casa, en la escuela, a un compañero, en una tienda)?
- ¿Ha robado un objeto que deseaba para sí o que necesitaba?
- ¿Se trata de un hecho accidental o de un comportamiento que ya se ha producido?
- ¿Qué razones da el niño para explicar su acción?

Devolver para compensar

Una vez que hemos discutido con el niño y comprendido bien la situación y las circunstancias del «préstamo», le preguntamos qué piensa hacer para repararlo. Si no lo sugiere él mismo, insistimos en que debe devolver los objetos y excusarse. Encontrarse frente a la persona a quien se ha robado resulta difícil y muy incómodo (tanto para los padres como para los niños), pero es un trámite en realidad pedagógico. Con los más pequeños, los padres hacen el trámite junto a ellos y se excusan por ellos. Pero han de quedarse detrás en cuanto sea posible.

- El robo es generoso: el niño toma para dar. Si roba, es para ofrecer. Se trata de complacer a su madre, o bien de comprar amistades. Así, ciertos niños se sienten obligados a llegar por las mañanas al colegio con los bolsillos llenos de bombones.
- El niño se siente inferior a sus compañeros. En ese caso puede robar atributos (juguetes, ropas, accesorios) que lo van a revalorizar. En el mismo orden de cosas, el niño puede robar bajo la presión de los compañeros, «para no acobardarse».
- El niño tiene una dificultad psicológica subyacente, que puede transformarse en rencor, frustración e incomprensión. El robo puede ser también una venganza, una manera de cubrir una carencia afectiva o una simple necesidad de llamar la atención sobre un problema.

Prevenir

La prevención con el niño pequeño pasa por tres elementos:

- Enseñarle el sentido de la propiedad: distinguir lo que es suyo y lo que puede usar con libertad de aquello que es de toda la familia o de toda la clase, aquello que es de los otros. Darle una asignación le enseñará que las cosas se pagan y le permitirá satisfacer sus deseos con libertad.
- Enseñarle la honestidad. Esto consiste en explicarle con mucha calma que «robar está mal» y que no se cogen las cosas sin autorización. Hacerle reflexionar: «¿Qué dirías tú si alguien se llevara tus cosas?».
- Sé para tu niño, muy en concreto, un modelo de honestidad.

Reaccionar bien

Lo que quiere decir ni excesivamente (escandalizarse, llamarlo ladrón) ni demasiado poco (sin darle importancia). Es normal disgustarse un poco, sobre todo si el niño tiene más de cinco años. Hay que explicar también con calma y claridad: tomar sin autorización un objeto que no es de uno es deshonesto; los adultos que lo hacen van a prisión.

Por último, casi todos los niños pequeños roban, por lo menos «para ver». Si esta actitud se queda aislada, no tiene consecuencias. Por su comportamiento atento, tierno y firme, los padres permiten que todo vuelva enseguida al orden.

¿Y el chantaje?

Un número creciente de niños son víctimas de chantaje: ellos tienen que aceptar «dar» lo que tienen, juguetes o ropas, bajo amenaza de represalias físicas. Es igualmente la amenaza lo que los obliga a callar. A menudo son forzados a robar (por ejemplo, dinero a sus padres) por los más mayores (más fuertes, más numerosos), que los amenazan con represalias. El miedo, de nuevo, les impide hablar.

Si sospechas que tu niño es víctima de un chantaje, no vaciles en confiarte al maestro o al director del colegio.

Los niños chantajeados están en dificultades. Se sienten cogidos en la trampa y tienen necesidad de ayuda.

Mi niño tiene tendencia a mentir o se empeña en negar

Lo que es cierto para nosotros lo es para él

¿Cuál de nosotros no arregla a veces la verdad? ¿Quién no ha dejado pasar por alto algún hecho importante a sabiendas?

Sin embargo, cuando uno de nuestros niños nos miente y se obstina contra la evidencia, nos deja fuera de lugar. Luego experimentamos una sensación de fracaso que lleva a la inquietud: «¿Mi niño es un mentiroso? ¿O bien un cobarde que no se enfrenta a las consecuencias de sus actos?».

Distinguir entre lo real y lo imaginario

Hay que entender desde el principio que la diferencia entre lo real y lo imaginario es un concepto difícil, que requiere años para asimilarse. El niño pequeño «toma sus deseos por realidades»: si cuenta una mentira, piensa que esto puede muy bien, a fuerza de insistir, convertirse en realidad.

Cuando Manuela, de cuatro años, con las manos y la cara embadurnadas de restos marrones, declara ante su madre, mirándola directo a los ojos, que no, que ella no ha tocado las tabletas de chocolate, es a la vez divertido y enternecedor. ¡A los diez años, es francamente exasperante! Asimismo, la relación de los niños con la verdad debe ser abordada de diferente manera, según la edad.

Conceptos de la verdad que evolucionan con la edad

Hasta los cuatro años

El principio que gobierna los actos del niño es su deseo de complacer a sus padres. Aquello que los alegra es lo bueno; aquello que los contraría, lo malo. Si el pequeño intrépido admite ante su madre que ha desobedecido montando en el tobogán grande, ella se disgustará. La solución que se impone, la cual le parece la más natural, es mentir y asegurarle lo contrario. Será inútil tomar el hecho de que lo niegue como intento de engañar: su objetivo es tan solo dar la respuesta que agradará, la que mamá espera.

Padres modelos de franqueza y honestidad

A los cuatro o cinco años es deseable, en presencia del niño, ser un modelo de honestidad.

No olvidemos jamás que los niños copian sus actitudes de aquellos a quienes aman y admiran más: sus padres. Si os ven mentir sobre su edad para beneficiaros de una rebaja o negar haber pasado el semáforo en rojo para evitar la multa, comprenderán rápidamente que mentir puede dar grandes servicios o evitar muchas complicaciones. Y ellos también lo harán en la primera ocasión.

Estar seguro de lo que se dice

Antes de acusar a un niño de mentiroso, más vale estar bien seguro de que lo es. Nada peor para el niño que no ser creído aun cuando diga la verdad…

Hasta los seis años

El niño puede tener dificultades para diferenciar los hechos y la ficción. En las historias o las emisiones de la televisión, él no sabe muy bien lo que es «de verdad» y lo que no lo es. Le hablamos de las hadas como personajes reales, él nos jura con aire inocente que no ha tocado el mando de la tele.

Más que disgustarnos de sus mentiras, mejor será ayudarle, a través de juegos y experiencias compartidas, a diferenciar entre lo que es «verdad de verdad» y el resto. El lobo devorando a la abuela, los monstruos escondidos debajo de la cama… ¡Es para divertirnos! ¿El abuelo que viene a cenar, el dolor de su hermana, a quien él ha pegado? ¡Eso es de verdad!

A partir de la edad de la razón

El niño sabe muy bien que miente, y esto, por lo general, le hace sentirse incómodo. Pero tiene buenas razones para hacerlo. La principal es evitar el castigo, incluso una simple reprimenda. Prefiere negar la evidencia o acusar a cualquier otro de sus tonterías (preferentemente a aquellos que no se pueden defender, por ejemplo, el perro). Esta actitud es común, hasta entre los niños educados por padres cariñosos y comprensivos.

¿Qué actitud hay que tener?

- No incitar a la mentira. Es el caso cuando, ya encolerizada, interrogas al niño sobre su responsabilidad. Hasta el más honesto intentaría convencerte de que no.
- No hagas preguntas. Di tan solo que ha estado mal hecho y qué es lo que sientes. «Estoy molesta porque otro vaso se haya roto, y de verdad no creo que esta vez el perro haya escondido los pedazos en el fondo del cubo de la basura…».
- ¿Él lo niega? Ignora sus negativas, pero no lo dejes sin salida. No lo abrumes con las pruebas y la lógica.
- Ofrécele una puerta de escape: «Veo que no pensamos lo mismo sobre lo que ha pasado; pues bien, hablaremos otro día». O también: «Ya que no puedes decirme nada, tal vez podrías escribirme unas palabras. Estaré muy orgullosa de ti si lo haces».
- No castigues todas las tonterías. Si no, negar se convierte en una oportunidad para el niño de evitar la sanción. El niño es torpe, pero deseoso siempre de portarse bien y de prestar servicios. Si está abrumado, no puede expresarse. No des más importancia a los objetos que a quien los ha roto. Antes bien, encuentra con él la manera de repararlos…

Se puede mentir por un montón de razones…

La razón principal es el miedo a ser regañado. Pero también se puede dar el caso de que el niño mienta por otras razones.

- Los celos pueden incitarlo (pretende quedar tan bien como su compañero, ser más querido que su hermano).
- Igualmente puede influirle la vergüenza (no puede aceptar la imagen de sí mismo que le daría una confesión).

En todos los casos, de lo que tiene necesidad el niño es de sentirse querido y aceptado. El abrumarlo en su mentira reforzará el problema.

¿Cuáles son las actitudes que lo harán razonable?

- Saber renunciar, sin obligarlo a confesar a cualquier precio.
- Saber perdonar y olvidar.
- Juzgar la intención más que el hecho.
- Sobre todo, confiar en él. Se sentirá entonces animado a fortalecer sus actos.

El gatito ha muerto...

El niño sabe que la muerte forma parte de la vida

El promedio de vida de nuestros animales domésticos es corto. Están, como nosotros, sujetos a la enfermedad, a los accidentes y al envejecimiento. De manera que es frecuente que nuestros niños pasen por esta prueba penosa que es la pérdida de su pequeño compañero. Esta perspectiva hace vacilar a ciertos padres antes de acoger a un animal. Pero la experiencia de la muerte, a menudo la primera a la cual se enfrenta el niño, puede ser formativa tanto como dolorosa.

Incluso el niño pequeño tiene una idea de la muerte y sabe que esta forma parte de la vida: muy pronto, juega a la guerra, a «¡Pan, pan. Estás muerto!», y se tiende, inmóvil, algunos segundos. Ve numerosos muertos en la televisión. Sus padres pueden creer que él no sabe nada de la muerte y que no le interesa el tema, pero si se atreviera, les haría unas cuantas preguntas...

¿Cómo anticiparse?

El niño reaccionará más positivamente a la muerte de su animal si tú ya has hablado de este asunto con él, y sentirá que no hay ningún tabú en hablar de ello. Puedes explicarle que el gato y el perro viven unos quince años; el hámster, un par de años solamente, etc. Cuando el animal de la casa se haga mayor, háblale a tu niño del momento en que ya no estará ahí.

Las ocasiones de hablar de la vida y de la muerte no faltan, delante del cadáver de un insecto, por ejemplo. Explícale que ya no respira, que su corazón no volverá a latir y que nada sobre esta tierra vive eternamente. Si hace preguntas, responde claramente, de forma más simple cuanto más pequeño sea el niño.

¿Cómo comunicarle la muerte de su animal?

Si la muerte es previsible, advierte al niño de que el animal no vivirá mucho tiempo. Muéstrale cómo puede decirle adiós y suavizar sus últimos momentos. Si tienes que practicarle una eutanasia, explica al niño que el veterinario va a ayudar al animal a morir suavemente, sin sufrir más.

Es importante hablar

La muerte del animal familiar va a suscitar a menudo inquietudes en el niño.

Si la muerte se lleva a su gato, ¿puede llevarse a algún otro? Si siente que esto es posible, hará las preguntas que tenga en el corazón. Tú tendrás que entender lo que lo inquieta e incitarlo a hablar y a encontrar las palabras verdaderas que lo tranquilizarán.

—Pero ¿por qué ha muerto?

—Porque estaba viejo (o enfermo, o porque ha tenido un accidente). Porque así es la vida: todo el mundo se muere algún día.

—¿Tú también vas a morir? ¿Yo también?

—Sí, todos nosotros, pero dentro de mucho tiempo. Por ahora no hemos terminado nuestra vida, estamos lejos de ello.

Es importante ayudar al niño a expresar sus sentimientos, incluso si estos te inquietan o te sorprenden. Hay que ser a la vez honesto y tranquilizador, lo que, en un asunto como este, demanda habilidad y delicadeza...

En cuanto a la muerte, esta debe ser anunciada en términos simples: «El gato estaba muy enfermo y ha muerto ya». Es importante emplear palabras ciertas. Decirle que su perro «se ha ido» le hará esperar en vano su regreso. Anunciarle que «está dormido para siempre» es arriesgado. Puede crearle ideas falsas sobre el sueño y engendrar dificultades para dormirse: el niño temerá morir si se duerme.

¿Cómo va a reaccionar?

Esto depende del carácter del niño y de su edad. En un niño muy pequeño, que no ha tenido todavía representación de la muerte y comprende vagamente el sentido del tiempo, la reacción será a menudo moderada. En un niño más grande, cuando ha aparecido la angustia de la separación, la reacción puede ser más viva, ya que ha tenido más tiempo para encariñarse con el animal.

Lo importante es dejarlo reaccionar como él lo sienta. No juzgues su actitud: dale el derecho de estar triste… o no. Algunos niños van a reaccionar a la muerte de su animal como a todo cambio brusco que surja en su vida: con irritación o cólera, con caprichos o dificultades de sueño. Paciencia y comprensión permitirán que todo vuelva a la normalidad.

Si tu niño adora al animal, aparentará una relativa indiferencia, lo cual te hará ignorar lo que pasa en «su interior». Hazle preguntas y déjale que se exprese libremente para que pueda descargar toda su tristeza y posible angustia.

Despedirse

Tu niño tendrá tal vez la necesidad de tu ayuda y de un poco de tiempo para decirle adiós.

- Puedes explicarle que aquellos que mueren continúan viviendo en el corazón de quienes los han amado.
- Mirad fotos del gato, recordad juntos sus actitudes y hábitos.
- Anímalo a escribir un texto o un pequeño poema en honor de su gato.
- Si él lo desea, cuelga una foto en la pared de su habitación. Es importante para todos poder continuar evocando el animal. «¿Te acuerdas cuando corrías detrás de él?». La pérdida de su animal favorito no es una prueba gratuita. Es la ocasión para el niño de olvidarse de sí mismo, de crecer y de avanzar en su comprensión de la vida.

Los conceptos de la muerte

- Antes de los cinco años. Para un niño pequeño, la muerte es un fenómeno reversible, como en un juego. Es como un sueño o un viaje de donde se puede volver. Los muertos piensan, sienten, pero están obligados a la inmovilidad.
- De cinco a nueve años. La muerte se convierte en un fenómeno definitivo, impuesto desde el exterior. Los muertos no están en la nada: ellos se reencuentran y conocen otro modo de vida, más o menos semejante al nuestro.

¿Hay que adoptar pronto otro animal?

Algunos padres pueden tener el impulso de reemplazar muy deprisa al animal muerto. Adoptar un nuevo animal puede en realidad ayudar a que se termine el duelo, pero es inútil precipitarse. Mejor sería esperar algún tiempo, para llevar al niño a escoger otro compañero: él se encariñará muy rápido, pero sin que un amor borre al otro.

Cuando un niño debe ir al psicólogo

«Deberías llevar a tu niño a ver a un psicólogo»

El consejo viene de un médico de medicina general o de un pediatra, del maestro o de un amigo cercano. Para los padres, esto es siempre difícil de entender. Desde luego, ellos ven que algo no va bien, pero de ahí a pensar que habría que consultar...

Con frecuencia se les dice a los padres que tienen la culpa cada vez que el niño tiene un problema. Visitar a un psicólogo es aceptar confiarse a alguien, ponerse en tela de juicio, confesar su impotencia. Nada fácil. Puede que esto suscite la esperanza por un lado, pero también la desconfianza y la ansiedad por el otro.

¿En qué caso se va a ver al psicólogo?

Cada vez que un niño parece infeliz. Cuando un cambio brusco de comportamiento atrae la atención. Cuando tiene problemas constantes de sueño, de alimentación, de limpieza, de agresividad, de comportamiento, de aprendizaje o de miedos excesivos. Los casos son muy diversos.

He aquí algunos ejemplos

- Antonio tiene dos años. Aún no ha dormido una noche completa. Sus padres han ensayado todo: están agotados.
- Luisa tiene tres años. Después de la muerte de su perro, hace tres semanas, llora todas las noches en su cama, inconsolable, a pesar del nuevo cachorro que sus padres han decidido adoptar.
- Después de dos semanas, Estela, de cuatro años, no quiere ir más al colegio. Por la mañana se aferra a su madre llorando. Su maestra la encuentra taciturna. Nadie la comprende y Estela no dice nada.
- Esteban tiene cinco años. Precoz, sabe ya leer solo y se interesa por miles de cosas. Sus padres se preguntan si en el colegio no le ofrecen todos los aprendizajes que él puede abordar. Por otra parte, es un niño bastante solitario...
- Guillermo tiene siete años, es un niño inteligente, vital, curioso. Sin embargo, aún no ha aprendido a leer. No se concentra y no retiene nada. Se habla de repetir el curso.

«Tengo miedo de ir a ver al psicólogo»

Tener miedo de ir al psicólogo es una lástima. El tiempo pasa cuando se dice: «¡Ni hablar: mi niño no está loco!». No, él atraviesa precisamente una fase en la que tiene necesidad de ayuda y hay temor de que no pueda salir solo. Los padres, a pesar de todo su amor, son a menudo incapaces. No es que sean, de ningún modo, culpables de la dificultad. Pero están demasiado implicados para tener el alejamiento necesario para comprender y resolver la dificultad.

Mientras más rápido se aborde el problema, más rápido se resolverá. Consultar a un psicólogo no es un compromiso para años. Unas cuantas sesiones ofrecen a la familia la ocasión de echar una nueva mirada sobre su funcionamiento y de volver a empezar, animados, sobre mejores bases. El niño se siente aliviado al sentir que están deseosos de comprenderlo y ayudarlo.

¿A quién hay que ver?

La elección es importante y delicada.

- Puedes pedir consejo a tu pediatra. Él ve a muchos niños y seguro que conoce otros casos como el tuyo. Te puede orientar sobre si es necesario ir o no al psicólogo, y también te puede recomendar a alguno que sea de su confianza.
- Puedes también consultar a un psicólogo privado. Los precios y la manera de trabajar difieren: infórmate por teléfono. Lo mejor es buscar una recomendación de un médico o del colegio. Es importante encontrar a alguien experimentado, que establezca un buen contacto contigo y con tu niño. Si no hay comunicación, será mejor cambiar.
- Si el problema tiene que ver con el colegio, puedes pedir una entrevista con el psicólogo escolar (a través del director). Él no iniciará una terapia, pero te será útil al informarte, tranquilizarte y orientarte.

¿Qué hará el psicólogo?

La (o las) primera sesión tiene por objeto exponer el problema y recoger información sobre los comportamientos, las emociones, la personalidad, las capacidades del niño, así como sobre su entorno escolar y familiar. Esta primera visita no es un compromiso, sino una conversación para comprender mejor lo que pasa. Reúne al niño y a los padres. A menudo, esto es suficiente: el psicólogo explica, da algunos consejos o recomendaciones, sugiere tener paciencia. El niño es sensible al hecho de haber sido entendido en sus dificultades: las cosas se arreglan.

- Algunas veces, el psicólogo sugiere hacer pruebas al niño. Estas pueden definir ciertas competencias o bien poner en evidencia dificultades personales, lo cual dará un enfoque que puede ser enriquecedor. Los resultados serán siempre interpretados con prudencia y situados en el contexto propio del niño.
- Si algunas sesiones no son suficientes para resolver el problema, el psicólogo puede proponer iniciar un trabajo de psicoterapia con el mismo niño, solo o acompañado. Según la edad del niño, se servirá, además del lenguaje, de soportes como el dibujo o el juego. Las sesiones tienen lugar una vez por semana y la duración total del trabajo es muy variable. No hay que vacilar en darse un poco de tiempo.

¿Qué hacen los psicólogos?

Muchas veces es difícil orientarse entre los diferentes psicólogos. He aquí los dos tipos de interlocutores a quienes podrás tener que ver:

- Los psicólogos son titulados universitarios. Han hecho por lo menos cinco años de estudios en psicología para tener derecho al título oficial de psicólogo.
- Los psiquiatras son médicos que, después de sus estudios de medicina, han hecho una especialidad en psiquiatría. Ellos son los únicos que pueden prescribir medicamentos.

Verdadero o falso: ideas recibidas sobre los niños

El chupete deforma menos los dientes que el pulgar

FALSO. El chupete, como el pulgar, provoca deformaciones en el paladar óseo y defectos de oclusión de los incisivos. La utilidad del chupete es, sin embargo, evidente para ciertos niños cuando, en los primeros meses, no pueden reprimir la necesidad de succionar o de mamar. En cualquier caso, la duración de la utilización del chupete cada día es sin duda más determinante que la forma del objeto en sí mismo...

Es mejor criar al niño al pecho que con el biberón

FALSO. Es exacto que la leche materna contiene elementos naturales y protectores muy apreciados para el bebé. Verdad también que la complicidad que se crea entre la madre que amamanta y su bebé es maravillosa. A condición de que ella lo desee y que el amamantar regocije a ambas partes.

Algunas mamás, por razones que son suyas, no lo desean. Un biberón dado con amor será mejor que amamantar disgustada. Todos los estudios nos demuestran que un «bebé del biberón» se desarrolla tan bien, en todos los aspectos, como un «bebé del pecho».

Es mejor cambiar al bebé antes de mamar

VERDADERO Y FALSO. Antes o después de mamar: cada escuela tiene sus partidarios y sus detractores, con argumentos válidos y convincentes en ambos casos. Sí, es más agradable para el niño comer recién cambiado, pero arriesgas, en virtud de ciertos reflejos fisiológicos, ¡tener que cambiar de nuevo al bebé después de comer! Entonces, ¿mejor después?

Sí, pero corres el riesgo de provocar regurgitaciones si lo sacudes un poco, o de despertarlo si comienza a dormirse, lo que puede ser en particular molesto por la noche.

Pues entonces, cada mamá, según el temperamento de su bebé, encontrará su solución...

Los niños son más frágiles que las niñas

VERDADERO. En el período perinatal, la mortalidad es más importante entre los niños de sexo masculino. Después, los niños pequeños enfermarán más a menudo que las niñas pequeñas. La misma enfermedad, por lo general, las niñas la padecen de forma más atenuada.

En cuanto a los problemas de comportamiento, estos afectan cuatro veces más a los niños que a las niñas; el tartamudeo y los tics, ocho veces más. Las causas de estas diferencias probablemente sean múltiples y es imposible sacar conclusiones. Lo único seguro: ¡el sexo fuerte ha pasado a la historia!

Los productos frescos son mejores que los pequeños botes

FALSO. Vamos a decepcionar a las mamás que creen hacer mejor al preparar con mucho amor los purés de su querido pequeño, pero, sin embargo, hay que decirlo: en el plano nutricional, los pequeños botes suelen ser mejores. Su fabricación está muy vigilada y reglamentada. Están preparados según normas estrictas, con productos muy frescos, y su contenido en sustancias provenientes de la utilización de abonos y pesticidas está muy controlado. Lo cual no es el caso de las frutas y verduras que compramos en el mercado, cuya frescura y contenido en nitratos son imposibles de verificar...

Un bebé debe dormir sobre el vientre

FALSO. Incluso si esto se ha dicho durante dos décadas. Se recomendaba acostar al niño sobre el vientre para evitar que fuera incomodado por eventuales reflujos. Pero estudios recientes demuestran que el riesgo por muerte súbita es menor si el niño duerme sobre la espalda. Esto es lo bastante importante para que no vacilemos más en acostar al bebé sobre la espalda, como hacen ya en todas las guarderías y como recomiendan los pediatras. Desde que este nuevo hábito ha sido aceptado por las mamás, el número de fallecimientos, en efecto, ha disminuido.

Las niñas controlan los esfínteres antes que los niños

VERDADERO. Los niños y las niñas tienen la misma madurez del sistema nervioso, que, en teoría y entre los dos años y dos años y medio, permite el control de los esfínteres. Luego, a pedir hacer pipí en el orinal, por lo menos durante el día. Pero muchos otros fenómenos, sobre todo psicológicos, entran en juego en el control de los esfínteres. La importancia que el niño otorga al hecho de no llevar pañales, el tipo de cariño que lo une a su madre, su nivel de desarrollo en el dominio del lenguaje o de la postura corporal son asimismo ámbitos en los que las niñas y niños pequeños evolucionan de diferente forma y que tienen una incidencia sobre el momento tan esperado en que podemos por fin retirar los pañales.

Duplicando la altura de un niño de dos años, se obtiene su altura de adulto

FALSO. Según las curvas, resulta que los niños han alcanzado la mitad de su altura adulta a los 25 meses, y las niñas, a los 16. Pero estas cifras no son más que estimaciones.

Lo que determina el crecimiento en altura de un niño es, ante todo, la pendiente de la curva. Ahora bien, esta puede evolucionar progresivamente de un semestre al otro. Todas las seudoprevisiones que se puedan hacer tropiezan con otros factores más determinantes, como la altura de los padres, la edad de la pubertad o la simple evolución de las generaciones.

Un niño pequeño no hace amigos antes de los tres años

FALSO. Un bebé puede hacer amigos muy pronto, siempre que tenga la ocasión. Este sentimiento amistoso puede revelarse exclusivo y duradero si los niños no se pierden de vista. El amor que trae la amistad requiere la capacidad de conocer a cualquiera y entregarle fielmente el amor que le tenemos, eso que sabe hacer el niño desde la edad de uno o dos años. Estas amistades preciosas son para conocer y respetar. Incluso si no traen total reposo: pasará todavía algún tiempo antes de que el niño sepa compartir un juego y respetar las reglas.

Para los bebés, los colores suaves

FALSO. Esta idea ha prevalecido durante décadas: el buen gusto prohíbe que la canastilla, las sábanas o las paredes de la habitación del bebé sean otra cosa que rosa o azul pálido. Pero los bebés aman los contrastes y los colores vivos, que atraen su atención y despiertan su curiosidad. No es necesario repintar la habitación en rojo. Un pijama verde manzana, un pequeño cojín a cuadros blancos y negros y un gran cartel del Rey León servirán para el caso.

Un niño no debe dormir en la habitación de sus padres

VERDADERO Y FALSO. En tanto que es un bebé, los padres pueden sentirse tranquilos (y el niño también) de dormir con él en la misma habitación. En todas las culturas, desde siempre, el recién nacido duerme cerca del cuerpo materno. Pero llega un momento, hacia los tres meses, en que el bebé, por las noches, se vuelve más independiente. Los padres aspiran a reencontrar una vida de pareja. Es el momento de instalar al bebé en su propia habitación para que aprenda a dormir solo.

No hay que ofrecer muñecas a los niños pequeños

FALSO. Si tu niño reclama una muñequilla de goma o una muñeca (existen del sexo masculino), ¿por qué no ofrecérsela? Tal vez desea hacer como papá, que cambia los pañales a su hermanito, o envidia a las niñas, que parecen divertirse tanto con sus muñecas, o sueña con un compañero para inventar sus juegos... Su virilidad futura no se resentirá porque juegue con muñecas, ¡como tampoco estaría reforzada por un juego de Rambo!

Hay que obligar al zurdo a utilizar su mano derecha

FALSO. No hay mano buena ni mano mala, y sería nefasto forzar a un niño zurdo homogéneo (utiliza también el ojo, el oído y el pie izquierdo) a escribir con la mano derecha. La mayor parte de los niños son ambidiestros y se sirven, indistintamente, de las dos manos hasta los cinco años. Por ello es preferible dejar al niño que utilice las dos manos para todas las actividades, animándolo a utilizar la derecha para la escritura. Pero animar no es forzar, y la utilización de la mano izquierda, a menudo hereditaria, no es ningún problema.

Las niñas son más fáciles de criar que los niños

FALSO. Este discurso es el de las madres de niños que están agotadas de oírlos pelearse o jugar con temeridad. Encuentran a las niñas pequeñas menos ruidosas, más sensatas. Pero esta visión es aproximativa y pasada de moda. Las niñas de hoy no están en desventaja con respecto a los niños para desgastarse físicamente. Incluso las calificadas como muy serias reafirman su personalidad. Si sus dificultades suelen ser más discretas, no por ello son menos importantes.

Hay que morder a los niños que muerden

FALSO. No se muerde a un niño. Un niño se educa con el ejemplo. Enséñale que la boca sirve para dar besos o para comer manzanas, no para morder a los compañeros. Dile que solo los animales muerden, no los humanos. Pero, sobre todo, no reproduzcas en él el comportamiento que deseas que abandone.

No hay que llevar a los niños al colegio antes de los tres años

FALSO. Imposible ser tan riguroso. La madurez del niño, su nivel de lenguaje y su autonomía cuentan mucho más que su edad real. Algunos niños están listos a los dos años y medio, mientras que otros no lo estarán sino un año más tarde. Cuenta también la acogida que los colegios reservan a los más pequeños. Y, por otro lado, no siempre podemos elegir…

Hay que hablar al niño, incluso cuando es un bebé

VERDADERO Y FALSO. Hay que hablar al niño, para que reconozca la voz de su madre y de su padre, inmediatamente después del nacimiento. Hablarle es humanizarlo e introducirlo en el lenguaje y la comunicación. Hay que hablar al bebé, decirle palabras dulces, gorjear haciéndole eco, escuchar las tentativas que hace para responder. Hay que hablarle de aquello que le concierne, de su vida diaria, de su historia, de aquellos que lo rodean. Pero ¿hay que hablarle de «todo»? Es un poco excesivo: ya habrá tiempo. Un baño de lenguaje, sí; ¡ahogarlo, no!

Unos buenos azotes surten más efecto que un discurso largo

FALSO. Una educación firme y tierna, asentada sobre una autoridad tranquila, debe poder evitar este gesto, que, al final, no demuestra más que la incapacidad de los adultos para poner término a una crisis o para hacerse obedecer. Los azotes calman a veces al niño, pero no son educativos, no sirven de ejemplo. Unos azotes son siempre un fracaso. Fracaso de la paciencia, de la educación, de la obediencia. Mejor será enseñar al niño a controlar sus emociones y sus impulsos que ofrecerle el espectáculo de un adulto violento. (La próxima vez que la mano se te caliente, asómate a respirar un poco a la ventana…).

Un niño pequeño tiene más necesidad de su madre que de su padre

FALSO. Por su fisiología, la madre vive los primeros meses de su niño en una intimidad total. El bebé tiene, a buen seguro, una necesidad vital de su madre (o de su sustituta). El papel específico del padre no es menor: es diferente. Frente a la pareja madre-bebé, recuerda a cada uno su verdadero lugar y aporta una dimensión de despertar afectivo y de apertura al mundo. Estando presente, crea de entrada hermosas relaciones de proximidad y de confianza con su niño.

El nacimiento del segundo niño provoca celos en el mayor

VERDADERO. Incluso si el mayor ha deseado vivamente este nacimiento, está siempre decepcionado por este recién nacido que llora y acapara toda la atención. Estos celos comunes, que a menudo sobrevienen más tarde, cuando el menor se convierte en un verdadero rival, son también formativos. Es saludable que el mayor exprese sus sentimientos y hable de su desamparo. Los padres comprensivos se tomarán a pecho prestarle atención y darle un mayor afecto, con el fin de que este sufrimiento sea en primer lugar una alegría y la ocasión para hacerse mayor.

Las pistolas hacen agresivos a los niños

FALSO. Desde siempre, los niños que no han tenido juguetes guerreros se han fabricado espadas o fusiles con pedazos de madera o con cualquier otro material. Estos juegos no los vuelven más agresivos; por el contrario, permiten a los niños «jugar» con su agresividad en el plano simbólico, antes que en el plano de la realidad. Al aparentar, el niño se libera de la violencia que tiene dentro. Pero esto no justifica ninguna necesidad de comprarle la mejor imitación de fusil o de pistola automática...

Es normal que un niño pequeño tenga un amor

VERDADERO. Las amistades entre niños de las clases de los primeros cursos de Educación Primaria, incluso de la escuela infantil, pueden ser intensas y adoptar la forma de una pequeña historia de amor. El papel de los adultos no es el de burlarse o ridiculizar, ni el de paralizar esta relación tomándola demasiado en serio. Estas relaciones son propias de nuestros niños y forman parte de su aprendizaje social.

El más pequeño de la familia es el más consentido

VERDADERO Y FALSO. En las grandes familias, el último tiene a menudo un lugar privilegiado: es el mimado por sus mayores, y sus padres, con más años, son a menudo menos exigentes. Incluso si los padres se toman en serio ser justos con cada uno de los niños, cualquier lugar entre los hermanos tiene sus ventajas y sus inconvenientes. Pero en las familias restringidas de hoy día, el fenómeno del pequeño supermimado está en vías de extinción.

Un niño único es egoísta

FALSO. Un niño único no aprende, como aquellos que tienen hermanos, a compartir de forma cotidiana sus juguetes, su habitación y, más doloroso y formativo, los mimos y las atenciones de su madre. Pero se hará un joven abierto y generoso si sus padres, conscientes del riesgo, se toman en serio no colocarlo en el centro del mundo, lo rodean con frecuencia de otros niños y saben llenar la casa de risas y de vida. La inteligencia social –negociar, reafirmarse, comprender al otro– tiene este precio.

Hay que hablar de sexualidad, incluso a los más pequeños

VERDADERO. El desarrollo de la sexualidad en su amplio sentido comienza en el nacimiento. El niño pequeño tiene preguntas sobre la diferencia de sexos y el nacimiento de los bebés, a las cuales es bueno responder con palabras simples y precisas. Pero la información debe adaptarse a la edad y a la curiosidad del niño, y no adelantarse. Los detalles no vendrán sino con el tiempo, cuando el niño los solicite. Lo esencial es que él sienta que el diálogo es posible y que sus padres están abiertos a este tipo de discusión.

Glosario

Tabla de contenidos

Bruño – Grupo Salvat
Maestro Alonso, 21; 28028 Madrid

Título original: *Questions au psy*
Traducción: Lourdes Huanqui
Fotografías: Photoalto, Lourdes Sogas

Dirección editorial: Trini Marull
Edición: Isabel Carril

ISBN: 84-345-7588-4
D. legal: M-37.130-2004
Impresión: Gráficas Rógar, S. A.

Impreso en España – *Printed in Spain*